Gefahr am Vulkan

Programmleitung Monika Schlitzer
Redaktionsleitung Martina Glöde
Projektbetreuung Corinna Hartung,
Nadine Matheiowetz, Christian Noß
Herstellungsleitung Dorothee Whittaker
Herstellungskoordination Katharina Dürmeier,
Bianca Isack, Bettina Bähnsch
Herstellung Sophie Schiela, Christine Rühmer, Evely Xie
Reihengestaltung Sonja Gagel
Covergestaltung Evely Xie

Titel der englischen Originalausgabe:
In the Shadow of the Volcano

Text Caryn Jenner
Übersetzung Frauke Bahle
Lektorat Linda Sturm

ISBN 978-3-8310-4496-2

Druck und Bindung TBB, a.s., Slowakei

MIX
Aus verantwortungs-
vollen Quellen
FSC® C022120

www.dk-verlag.de

Inhalt

Im Schatten des Vulkans 10

Verdächtige Zeichen 26

Ein komisches Gefühl 40

Streit auf dem Marktplatz 56

Die letzte Warnung 72

Der Vulkan bricht aus 88

Wettlauf mit dem Vulkan 104

Ein Jahr später 118

Das Vulkane-Quiz 122

Begriffe 124

Tipps für Eltern 126

Der Vesuv

Der Vesuv ist ein aktiver Vulkan. Er liegt am Golf von Neapel in Italien. Ein Fußweg führt in mehreren Serpentinen auf den 1277 Meter hohen Gipfel. 1845 wurde an der Westseite ein Observatorium errichtet.

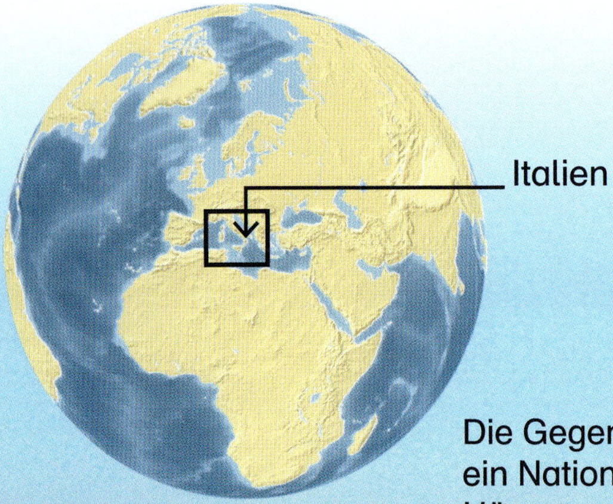

Die Gegend um den Vesuv ist ein Nationalpark. An seinen Hängen wird Obst, zum Beispiel Weintrauben, angebaut. Auf dem fruchtbaren Lavaboden wachsen besonders leckere Trauben.

Der Vesuv liegt nur 9 km von der großen Stadt Neapel entfernt. Am Fuß des Berges und an seinen Hängen befinden sich Dörfer.

Alles über Vulkane – Teil 1

Die Erde ist aus vier Schichten aufgebaut: innerer und äußerer Kern, Erdmantel und Erdkruste. Der innere und äußere Kern bilden zusammen einen riesigen Ball mit einem Durchmesser von 7000 km. Um den Kern herum liegt der Erdmantel. Er ist mit eisenreichem geschmolzenem Gestein gefüllt, dem Magma. Bei einem Vulkanausbruch wird das Magma durch die Erdkruste hindurch herausgeschleudert.

Vulkantypen

Erloschener Vulkan: ein Vulkan, der vermutlich nie mehr ausbrechen wird.

Schlafender Vulkan: Er ist gerade nicht aktiv, könnte aber noch einmal ausbrechen.

Aktiver Vulkan: ein Vulkan, der immer wieder ausbricht.

So ist ein Vulkan aufgebaut.

Krater
Hauptschlot
Vulkankegel
Seitenschlot
Magma-
kammer

Plan zur

Bei einem Vulkanausbruch

Denke daran:
Während des Ausbruchs

- Höre Radio. Verlasse den Ort nur, wenn die Behörden eine Evakuierung angeordnet haben.
- Meide Täler unterhalb des Vulkans und Gegenden, in denen der Wind vom Vulkan her bläst. Hier regnen oft Asche und Steine herab.
- Wenn du das Haus verlassen sollst, ziehe ein langärmeliges Oberteil und lange Hosen an. Trage eine Brille und eine Staubmaske (oder halte ein feuchtes Stück Stoff vor den Mund).
- Sollst du im Haus bleiben, schließe die Fenster und Türen. Versperre auch Öffnungen wie den Schornstein, damit keine Asche ins Haus gelangt.
- Fallen draußen Steine auf dich nieder, rolle dich zu einer Kugel zusammen, um den Kopf zu schützen.

Evakuierung

Nach dem Ausbruch

- Wenn du das Haus verlässt, solltest du immer noch lange Kleidung, Brille und Staubmaske tragen. Erst wenn die Behörden Entwarnung gegeben haben, ist es draußen wirklich sicher.
- Asche ist erstaunlich schwer. Eine dicke Schicht auf dem Dach sollte heruntergefegt werden, damit das Dach nicht einbricht. Falls du dabei hilfst, musst du gut gesichert sein.

Achte auf diese Warnschilder in deiner Umgebung

Normal
Keine Anzeichen für einen Ausbruch.

Voralarm
Es könnte sehr bald zu einem Ausbruch kommen.

Achtung
Der Vulkan ist aktiv und könnte ausbrechen.

Alarm
Der Vulkan bricht aus, verlasse die Gegend.

Im Schatten des Vulkans

„Carlo!“, rief Rosa Carelli und steckte ihren Kopf aus der Küchentür. „Beeil dich, du kommst noch zu spät zur Schule!“

„Kann ich nicht heute ausnahmsweise die Schule schwänzen und stattdessen mit dir zur Arbeit gehen, Mama?“

Der zwölfjährige Carlo erschien im Flur. Er trug einen blau-rot gestreiften Schlafanzug und hielt seine Zahnbürste in der Hand.

Bittend sah er seine Mutter an. „Ich könnte dir helfen. Vielleicht finden wir heraus, wann genau der Vesuv explodieren wird“, sagte er.

„Vulkane explodieren nicht, sie brechen aus, Carlo“, antwortete Rosa. „Habe ich dir denn gar nichts beibringen können?“
„Aber das ist doch so etwas wie eine Explosion“, beharrte Carlo. „Also, nimmst du mich mit? Bitte, Mama!“
„Nein, Carlo.“ Rosa schüttelte den Kopf. „Du kannst nicht einfach so die Schule ausfallen lassen. Und außerdem muss ich heute ganz hoch auf den Gipfel des Vesuv, nah an den Krater heran. Das ist zu gefährlich.“
„Und warum gehst du dann dahin, wenn es so gefährlich ist?“, fragte Carlo.
„Weil ich Vulkanologin bin. Es ist meine Arbeit, das weißt du doch“, antwortete sie. „Aber keine Sorge, ich werde Schutzkleidung tragen und sehr vorsichtig sein. Jetzt komm und iss dein Frühstück und dann auf zur Schule.“
Seufzend verschwand Carlo im Badezimmer. Rosa stellte Tassen und Teller auf den Tisch und holte Brötchen und Butter.

Dann öffnete sie die Fensterläden, um das goldene Morgenlicht hereinzulassen. Die Aussicht von ihrer Wohnung wurde ihr nie langweilig.

Das Dorf Montevista lag an einem der unteren Hänge des Vesuv. Durch das hintere Fenster konnte man den Gipfel des Vulkans sehen. Das vordere Fenster ging hinaus zur Piazza, dem Marktplatz. Heute war viel los auf dem Platz, denn morgen sollte das Dorffest stattfinden. Viele Dorfbewohner waren dabei, bunte Buden aufzubauen.

In der Ferne sah Rosa das Meer im Golf von Neapel glitzern. Zwischen Feldern, Wiesen und Weingärten zogen sich weitere Dörfer den Hang hinauf. Und über alldem erstreckte sich der strahlend blaue Himmel.

„Der Vesuv ist wunderschön“, dachte Rosa. Aber tief in seinem Innern lauerte die Gefahr, das wusste sie. Der Vulkan bereitete einen Ausbruch vor.

Die Frage war nur: Wann?

Voralarm

Alarm

Als Carlo in die Küche kam, war er geduscht und angezogen. Er setzte sich an den Frühstückstisch und nahm sich ein Brötchen.
„Bürgermeister Fabiano glaubt nicht, dass der Vulkan gefährlich wird“, erklärte er.
„Bürgermeister Fabiano will nur nicht, dass er sein Dorffest absagen muss“, entgegnete Rosa, während sie sich einen Kaffee eingoss. „Das Dorffest von Montevista ist für ihn das Wichtigste überhaupt. Er will einfach nicht wahrhaben, dass die vielen kleinen Erdbeben, die wir in letzter Zeit hatten, die Vorboten für einen großen Vulkanausbruch sind.“
„Luigis Eltern sagen, dass viele Städte und Dörfer in der Nähe des Vulkans sich auf eine Evakuierung vorbereiten“, erzählte Carlo.
Er biss in sein Brötchen. Normalerweise stiegen sein Freund Luigi und er immer gerne zum Gipfel des Vulkans hinauf. Dort suchten sie nach besonderen Steinen für ihre Sammlungen.
Sie liebten es, mit den Touristen den schmalen, steilen Pfad zum Krater zu laufen, aber in der

Normal | **Achtung**

letzten Zeit durfte niemand auch nur in dessen Nähe kommen – außer Vulkanologen wie seine Mutter.

„Der Bürgermeister sollte sich wirklich um den Evakuierungsplan kümmern“, erklärte Rosa. „Wir wissen zwar nicht, wann *genau* der Vulkan ausbrechen wird, aber unsere Daten zeigen, dass es eher früher als später passieren wird. Ich finde, Sicherheit geht vor. Doch unser verehrter Herr Bürgermeister sagt: *Habt keine Angst, alles ist in Ordnung.* Dass das heiße

Normal **Achtung**

Magma im Innern des Vulkans jeden Moment überkochen kann, spielt keine Rolle."

Carlo lachte. „Er glaubt, nur weil er der Bürgermeister ist, kann er dem mächtigen Vesuv vorschreiben, wann er auszubrechen hat und wann nicht."

Rosa grinste. „Nicht einmal der Bürgermeister kann das."

Voralarm | Alarm

„Weiß er denn nicht, was in Pompeji und Herculaneum passiert ist?“, fragte Carlo. „Unser Lehrer sagt, dass die Menschen damals, zu den Zeiten der Römer, nicht wussten, in welcher Gefahr sie schwebten. Sie blieben einfach da und sahen zu. Und dann starben sie in all der Asche und der Lava.“
„Stimmt“, sagte Rosa und goss sich eine weitere Tasse Kaffee ein. „Nach dem berühmten Ausbruch des Vesuv damals gab es einen pyroklastischen Strom, eine Lawine aus heißer Asche, Gas und Steinen.“
„Aber jetzt sind wir im 21. Jahrhundert, nicht mehr in der Antike“, dachte sie verärgert. Ihr Team am Vesuv-Observatorium besaß die Ausrüstung, um einen Vulkanausbruch vorhersagen zu können, und die Städte und Dörfer waren darauf vorbereitet, die Bewohner zu evakuieren, sobald es notwendig war. Wenn Bürgermeister Fabiano die Warnungen nur endlich ernst nehmen würde!
Sie seufzte.

„Die Dinge werden ihren Lauf nehmen, Dorffest hin oder her. Wenn es so weit ist, wird die glühende Mischung aus Asche, Steinen und Gas in die Luft gesprengt“, sagte Rosa zu Carlo.

Plötzlich begann die Erde zu beben. Der Lampenschirm über dem Tisch schwang hin und her.

Rosa sprang auf, nahm ihren Sohn bei der Hand und zog ihn mit sich zur Küchentür.

Ein Türrahmen ist der sicherste Ort im Haus während eines Erdbebens – und davon hatte es in der letzten Woche schon Dutzende gegeben.

Es waren keine gefährlichen Beben gewesen, aber sie wurden stärker und häufiger.

Rosa wusste, was die Erdbeben bedeuteten:

Im Erdinnern verschob sich etwas.

Während die Erde rumpelte und wackelte, drückte sie ihren Sohn fest an sich. Sie zuckte zusammen, als es in der Küche klirrte.

Dann hörte das Beben ebenso plötzlich auf, wie es begonnen hatte.

„Alles in Ordnung mit dir?“, fragte sie.

„Klar, alles bestens." Carlo grinste. „War doch nur ein Erdbeben, was soll's. Was meinst du, wie stark war das Beben auf der Richterskala? Stärker als das gestern?"
„Auf jeden Fall", antwortete Rosa. „Lass uns hier noch ein bisschen warten, vielleicht gibt es ein Nachbeben."
Nach einer Weile kehrten sie in die Küche zurück. Bisher hatten die Erdbeben alles nur ein wenig durchgerüttelt. Doch heute hatte der Tisch so gewackelt, dass die Tassen umgefallen waren. Zusammen mit den Brötchen waren sie vom Tisch gerollt und auf dem Boden zerbrochen. Der Vulkanausbruch schien immer näher zu rücken.
„Hey, vielleicht bricht der Vesuv ja heute aus und die Schule bleibt geschlossen!", witzelte Carlo.
„Das ist nicht lustig", ermahnte ihn Rosa, während sie die Scherben zusammenfegte.
Ob sie Carlo heute zu Hause behalten sollte? Dann wären sie schneller fertig, falls das Dorf evakuiert würde. „Aber nein", dachte Rosa, „das wäre übertrieben."

Normal	Achtung

Nicht einmal ihr Team und sie mit ihren modernen technischen Geräten konnten einen Ausbruch derart genau vorhersagen. Sie wussten ja nicht einmal, ob der Vulkan heute, nächste Woche oder erst in einem Monat ausbrechen würde. „Carlo ist nicht in Gefahr“, sagte sie sich. „Und das Dorffest morgen wird so schön sein wie jedes Jahr.“

?

Woher wusste Rosa, dass dieses Erdbeben stärker als die früheren war?

Tour durch Pompeji

Einführung

Willkommen auf unserer Tour durch die antike römische Stadt Pompeji. Als der Vesuv im Jahr 79 nach Christus ausbrach, wurde die gesamte Stadt unter einer Schicht aus Asche und Gestein begraben. Etwa 16 000 Menschen kamen dabei ums Leben. Die Auswirkungen des Ausbruchs sind heute noch gut zu erkennen, denn die Asche hat die Überreste der Stadt gut erhalten. So können wir sie heute neu entdecken.

Berichte von Augenzeugen

Plinius der Jüngere, ein römischer Gelehrter, war dabei, als der Vesuv ausbrach. Einige seiner Schriften über den Vulkanausbruch sind noch erhalten. Hier berichtet er, wie die Aschewolke aussah:

„Ihre Form ähnelte derjenigen einer Pinie. Sie stieg wie ein riesiger ‚Stamm' in die Höhe und verzweigte sich in eine Reihe von ‚Ästen'."

Er fährt fort:

„An den Hängen des Vesuv flackerten Flammen und Feuerherde. In der Dunkelheit der Nacht erschien ihr Licht besonders lebendig … Dann wehte Schwefelgeruch herüber und kündigte das nahende Feuer an."

Vulkanasche und Bimsstein begruben die Einwohner von Pompeji, kaum jemand überlebte. Mit den Jahren zersetzten sich ihre Körper und unter der Asche blieben nur das Skelett und die Hohlräume übrig. Archäologen füllten diese Hohlräume mit Gips, um Formen von den Körpern herzustellen.

1 Rechts siehst du das Haus der Vettier, in dem zwei Brüder lebten. Sie waren sehr reiche Kaufleute. Das wissen wir, weil die Vulkanasche die kostbaren Mosaike und Kunstschätze des Hauses erhielt.

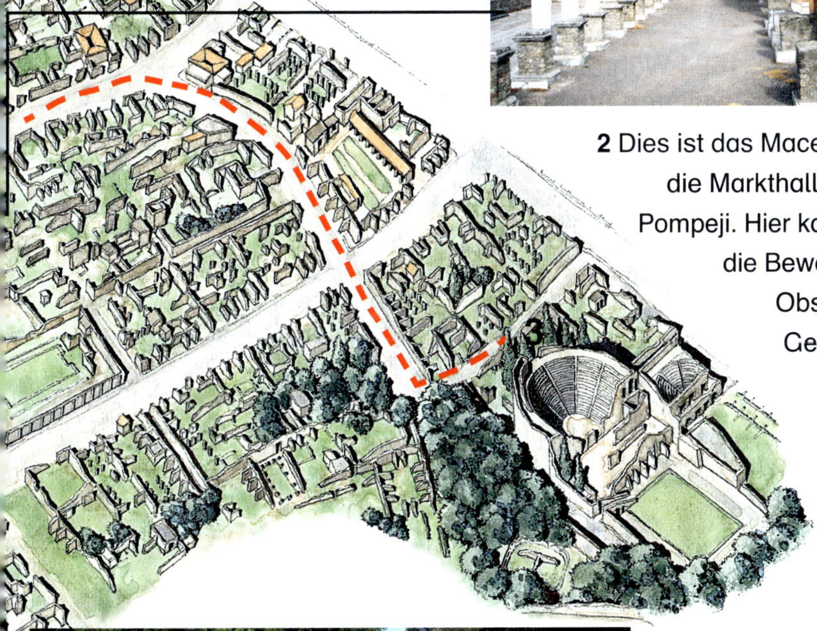

2 Dies ist das Macellum, die Markthalle von Pompeji. Hier kauften die Bewohner Obst und Gemüse ein.

3 Vor dir befindet sich das Amphitheater, in dem Gladiatoren kämpften.

Ausbrüche des Vesuv

Der Ausbruch im Jahr 79 nach Christus war der berühmteste, aber der Vesuv war ständig aktiv und brach immer wieder aus. Seit 1944 ist er jedoch ruhig – deswegen beobachten ihn alle, die in seinem Schatten leben, aufmerksam.

1694 Während eines weiteren Ausbruchs floss Lava aus dem Krater.

1794 Torre del Greco wurde zerstört.

1600

1700

1631 Am 16. Dezember riss Lava 600 Menschen in den Tod, Neapel blieb verschont.

1767 Die Lava erreichte San Giorgio a Cremano und die Grenzen Neapels.

Zeitleiste
Von 1600 bis heute

1906 Ein weiterer Ausbruch vergrößerte den Krater auf 300 m.

1933 Mehrere Erdbeben bewiesen, dass der Vulkan noch aktiv war. Am 3. Juni trat Lava aus.

1800 **1900**

1880 Besucher konnten mit der Standseilbahn zum Gipfel fahren.

1944 Nach der letzten großen Explosion stieg eine Aschewolke auf.

Verdächtige Zeichen

Rosa kletterte den Hang des Vesuv hinauf in Richtung Krater. Gerade war sie an einem roten Schild mit der Aufschrift *Gefahrenzone* vorbeigekommen.

Sie trug einen dicken Schutzanzug, in dem sie nur schwer gehen konnte. Marco, ihr Kollege vom Observatorium, war direkt hinter ihr auf dem Pfad.

„Wie Astronauten auf einem lebensfeindlichen Planeten", dachte Rosa.

„Riechst du auch diesen fürchterlichen Gestank nach faulen Eiern?", fragte Marco nach einer Weile.

Rosa schnupperte. Selbst durch die Atemmaske hindurch war der Geruch unverkennbar.

„Ja. Eindeutig Schwefel aus dem Vulkan. Es riecht heute viel stärker, auch das Erdbeben heute Morgen war heftiger als die letzten."

„Das heißt …", begann Marco, beendete den Satz aber nicht.

Rosa nickte. „Der Vesuv ist kurz davor auszubrechen. Vielleicht geht es schon viel früher los, als wir dachten. Los, lass uns die Daten ablesen. Dann programmieren wir VEX und verschwinden."

Endlich waren sie oben am Rand des Kraters angekommen. Schnell packten sie ihre Geräte aus und begannen mit der Arbeit. Rosa las laut die Gaswerte ab. Marco trug sie im Computer ein und schickte sie ans Observatorium. Wie Rosa vermutet hatte, waren die Schwefelwerte seit gestern enorm gestiegen. Schwefeldioxid war eines der Hauptgase im Magma, dem geschmolzenen Gestein, das im Innern des Vulkans aufstieg. Ein hoher Wert bedeutete, dass das Magma sich dicht unter der Erdoberfläche befand.
Als Nächstes überprüften Rosa und Marco die Temperatur der Steine mit einem elektronischen Thermometer. Dafür wählten sie immer die gleichen Stellen entlang des Kraterrands. Die Messungen ließen keinen Zweifel zu: Überall waren die Steine viel heißer als gestern.
Um den Krater herum hatten sie vor einiger Zeit Neigungsmessgeräte aufgestellt. Diese Geräte zeigten an, wenn sich die Hangneigung änderte. Auch diese Werte lasen sie nun ab.

Normal | Achtung

„Schau, Marco“, sagte Rosa. „Alle Neigungsmesser zeigen einen anderen Wert als gestern, besonders dieser hier.“

„Das heißt, dass das Magma die Erdoberfläche hochdrückt, oder?“, fragte Marco. Er sah Rosa beunruhigt an.

„Ja, das tut es. Komm, es wird Zeit, VEX zu starten. Es ist hier zu gefährlich für uns.“

VEX war ein Roboter, der auf dem Vulkan selbstständig Daten sammelte und sie ans Observatorium weiterleitete. Er konnte auch Videos übertragen. Er war so gebaut, dass er sogar einem Vulkanausbruch standhalten würde. Auch die Hitze und das Gas würden ihm nichts anhaben.

Rosa und Marco gingen den Pfad zurück.

Sie holten VEX aus dem Geländewagen und programmierten ihn.

Danach beobachtete Rosa, wie sich der Roboter langsam, aber sicher den Hang in Richtung Krater hinaufbewegte.

Sie seufzte. Sie hatte getan, was in ihrer Macht stand. Doch jetzt war es zu gefährlich geworden, noch länger auf dem Vulkan zu bleiben. Nun war es an VEX, die Arbeit zu erledigen.

Rosa dachte an Carlo unten in der Schule in Montevista. Was, wenn der Vulkan ausbrach und er nicht fliehen konnte?

Als sie zum Dorf hinunterblickte, bemerkte sie plötzlich einen Mann, der zu ihnen den Hang heraufkletterte. Er trug normale Kleidung anstelle eines Schutzanzugs und filmte mit einer Videokamera.

Rosa blinzelte ungläubig.

„Wer um alles in der Welt ist das denn?“, fragte Marco.

„Keine Ahnung.“ Rosa war verblüfft. „Aber um das *Gefahrenzone*-Schild hat er offensichtlich einfach einen Bogen gemacht.“

Als der Mann sich näherte, konnte Rosa ihn laut schnaufen hören. Sein Hemd war schweißnass.

„Was für ein Verrückter“, dachte Rosa. Irgendwie kam er ihr bekannt vor.

„Ist das nicht Aldo Rizzo, der Reporter aus dem Fernsehen?“, fragte Marco.

„Aber ja“, dachte Rosa. „der ist hier, um eine Reportage zu drehen.“

„Tut mir leid, Herr Rizzo, aber Sie müssen umdrehen“, rief sie ihm entgegen. „Hier darf niemand hinauf. Es ist zu gefährlich.“

Aber Aldo Rizzo lief einfach weiter. „Ich bin Journalist, ich muss dort sein, wo etwas passiert.“ Er schnaufte. „Und wenn ein Vulkan ausbricht, dann müssen wir natürlich darüber berichten.“

„Herr Rizzo, Sie haben nicht einmal einen Schutzanzug gegen die Hitze an“, sagte Rosa streng.

„Ich kann bestimmt irgendwo einen bekommen“, entgegnete er. „Eine derartige Hitze habe ich nicht erwartet.“ Er hielt sich die Nase zu. „Und der Gestank, *Mamma mia!*“

Plötzlich klingelte Rosas Mobiltelefon. Sie erkannte die Nummer des Observatoriums. „Marco, kümmerst du dich um Herrn Rizzo? Ich muss kurz telefonieren“, sagte sie und ging ein paar Schritte zur Seite.

Am Telefon war der Leiter des Observatoriums. Als Rosa ihm zuhörte, bekam sie trotz der Hitze eine Gänsehaut. Schnell legte sie auf und wandte sich zu Marco um, der noch immer versuchte, Rizzo zum Umkehren zu bewegen.
„Auf dem Satellitenbild ist eine Wölbung westlich des Kraters zu sehen, die gestern noch nicht da war“, berichtete sie.
Marco starrte sie entsetzt an. Dann begann er eilig ihre Ausrüstung einzupacken.

Normal

Achtung

„Gut, dass wir VEX schon programmiert haben. Wir sollten zusehen, dass wir schleunigst von hier wegkommen.“

„Eine Wölbung? Sie meinen eine Beule an der Westseite des Vulkans?“, fragte Rizzo. „Was bedeutet das?“

„Das bedeutet, dass Magma von unten gegen die Oberfläche drückt. Das ist ein deutliches Zeichen dafür, dass der Vesuv bald ausbricht!“, erwiderte Rosa. „Lasst uns verschwinden!“

Voralarm | Alarm

Vulkanologe – dein Traumberuf?

- [x] Interessierst du dich für Vulkane?
- [x] Bist du gut darin, Geheimnisse zu entschlüsseln?
- [x] Bist du gerne draußen?
- [x] Interessierst du dich für Forschung?
- [x] Benutzt du gerne Computer und technische Geräte?
- [x] Möchtest du durch die Welt reisen?

Stellenanzeige

Der **Klub der jungen Vulkanologen** hat eine Stelle zu vergeben. Für diesen Job musst du in **andere Länder reisen** und sowohl aktive als auch schlafende **Vulkane erforschen**. Du sollst herausfinden, **wie und warum Vulkane ausbrechen**. Mithilfe unserer **Spezialausrüstung** sollst du künftige Ausbrüche vorhersagen. Dafür brauchst du **Nerven wie Drahtseile**, denn aktive Vulkane können **jederzeit ausbrechen!**

Du brauchst:

- **Feste Schuhe,** die deine Füße vor der scharfkantigen Lava schützen
- **Schutzanzug,** der deinen Körper vor der Hitze in der Nähe des Vulkans schützt
- **Gasmaske,** damit du die unsichtbaren giftigen Gase nicht einatmest, die der Vulkan ausstößt
- **Schutzhandschuhe,** mit denen du sehr heiße Proben nehmen kannst
- **Kameras,** um zu dokumentieren, was du gesehen hast
- **Spektrometer,** um die Gase des Vulkans zu erforschen
- **Roboter,** um dort Proben zu nehmen, wo du selbst nicht hingelangst

Alles über Vulkane – Teil 2

Vulkantypen

Es gibt sechs Typen von Vulkanen. Die ersten drei entstehen, wenn sehr flüssige Lava schnell über eine große Fläche fließt. Gewaltige Explosionen verursachen die anderen drei. Manche Vulkane sind Mischtypen.

❶ Spaltenvulkan

Hier fließt Lava aus einer Spalte über eine Ebene.

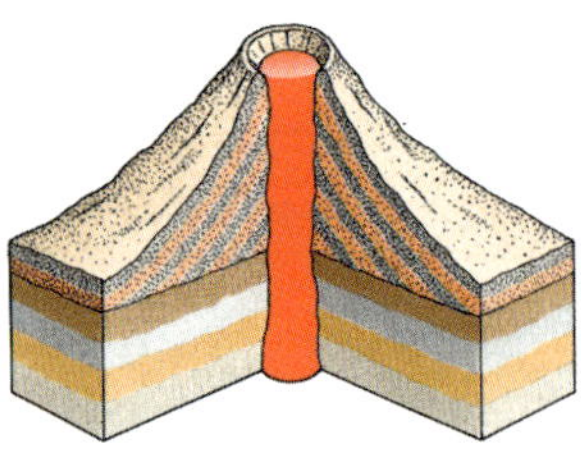

❹ Aschekegel

Die Hänge sind leicht nach innen gebogen und bestehen aus Asche, Schlacke und Lava.

Fakten: Krater

Wird während eines Ausbruchs Material durch den Schlot herausgeschleudert, entsteht ein Krater. Später kann sich darin Regenwasser sammeln und einen Kratersee bilden. Große Krater nennt man Calderas. Sie können bis zu 100 km groß sein.

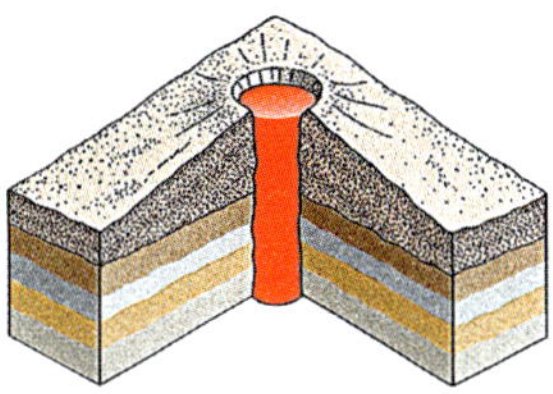

❷ Schildvulkan

Breitet sich sehr flüssige Lava aus, entstehen diese sanft gewölbten Vulkane.

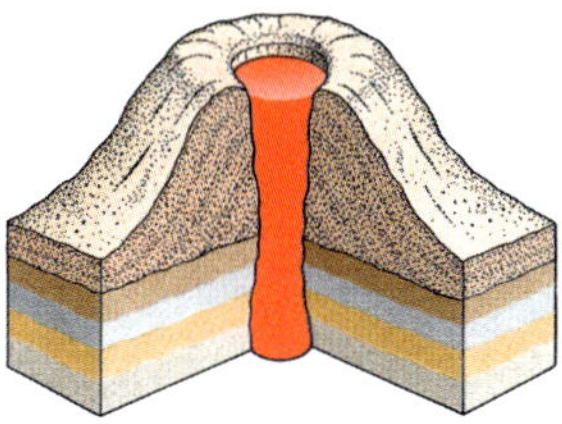

❸ Lavadom

Kühlt zähflüssige Lava ab, entsteht solch eine runde Kuppe.

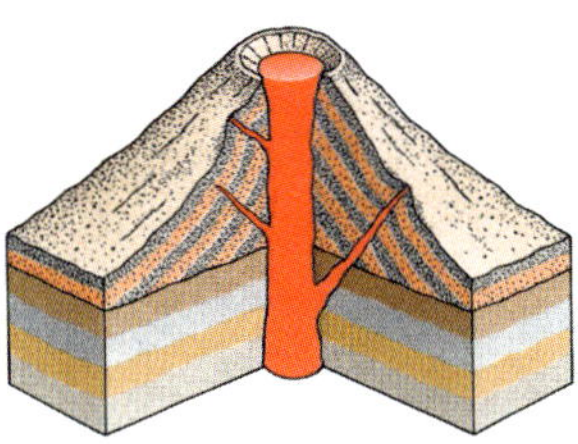

❺ Schichtvulkan

Er ist hoch, kegelförmig und besteht aus mehreren Lagen von fester Lava und Asche.

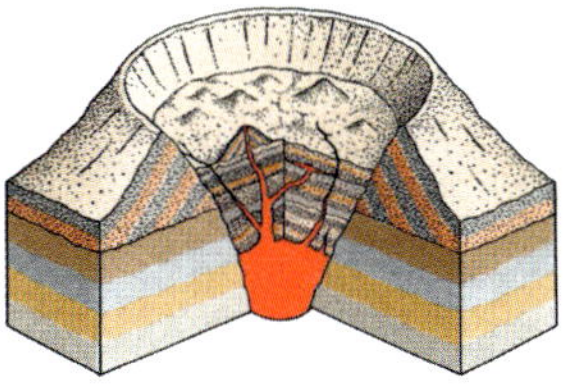

❻ Caldera

Dieser riesige Krater ist bei einer gewaltigen Explosion entstanden.

Ein komisches Gefühl

Endlich klingelte die Schulglocke. Erleichtert seufzte Carlo. Zum Glück war der langweilige Schultag vorbei.

„Hallo, Carlo!“

Er drehte sich um. Hinter ihm schlenderte sein Freund Luigi in Richtung Ausgang.

„Wie wär’s mit einer kleinen Expedition, um Steine zu sammeln?“, fragte Luigi.

„Wohin?“, erwiderte Carlo. „Zum Krater dürfen wir nicht. Meine Mutter sagt, dass der Vesuv jederzeit ausbrechen kann.“

„Ja, ja“, sagte Luigi. „Seit Monaten warten wir schon auf den Ausbruch, aber nichts passiert. Der Vulkan ist erloschen.“

„Und woher kommen dann die vielen Erdbeben?“, fragte Carlo. „Und warum stinkt der Berg so fürchterlich?“

Luigi lachte und winkte lässig ab. „Egal. Ich gehe jetzt jedenfalls zu Valettis Weinberg und suche nach interessanten Steinen. Kommst du mit oder nicht?“

Carlo zögerte kurz. „Ja, schon gut“, antwortete er dann. „Ich komme mit. Vielleicht haben die Erdbeben ja ein paar seltene Steine nach oben befördert.“

„Wer schneller ist!“, rief Luigi.

Die zwei Jungen rannten durch das Schultor und über den Dorfplatz zu einem schmalen staubigen Pfad.

Der Weg zum Vesuv hinauf führte an einem Tomatenfeld voller grüner Tomaten vorbei und danach an einem Feld mit Zucchini, die gerade begonnen hatten zu blühen.

Schließlich erreichten sie Valettis Weinberg.
Dicke rote Trauben hingen an den Rebstöcken.
Carlo und Luigi interessierten sich aber mehr
für die karge Erde darum herum.
Sie legten ihre Schultaschen ab und begannen
Steine aufzusammeln und genau zu betrachten.
„Was das wohl für einer ist?“, fragte Luigi.

Normal

Achtung

Carlo sah hinüber. „Basalt. Ich habe jede Menge davon in der Steinsammlung, die mein Großvater mir geschenkt hat. Als er noch ein Kind war, hat er ein paar wirklich coole Steine gesammelt“, sagte Carlo. „Er hat mir schon oft davon erzählt, wie er und seine Familie 1944 flüchteten, als der Vesuv ausbrach. Später fand er viele tolle Steine.“

Voralarm | Alarm

Ausbruch des Vesuv 1944

Tag 2: 19. März
Asche und Lavabrocken fliegen 150 m hoch in die Luft. Lava fließt aus.

Tag 4: 21. März
Die Aschesäule wird 1,6 km hoch. Der Lavafluss nimmt ab, aber große Fontänen steigen auf.

Tag 4: 21. März
Lava fließt durch die Hauptstraße von San Sebastiano. US-Soldaten helfen den Einwohnern die Stadt zu verlassen.

Tag 5: 22. März
Eine Aschewolke hängt 5–6 km hoch über dem Vulkankrater.

„1944? War da der letzte Ausbruch? Das ist eine Ewigkeit her“, sagte Luigi. „Der Vesuv muss einer dieser schläfrigen Vulkane sein.“

„Du meinst schlafend“, verbesserte Carlo seinen Freund. „Aber wenn es um Geologie geht, ist 1944 eher so etwas wie eine Nanosekunde her. Das ist so gut wie nichts. Der Vesuv ist ein aktiver Vulkan.“

Die Jungen fuhren fort, die Steine am Rand des Weinbergs zu untersuchen.

Luigi füllte seine Schultasche mit einigen Steinen, die ihm besonders gut gefielen.
Carlo hatte einen Brocken gefunden, der aussah wie Granit, mit großen Quarzkristallen darin.
Ein anderer, vermutete er, könnte Gabbro sein.
Mit seinem Bestimmungsbuch wollte er das zu Hause überprüfen.
„Luigi, spürst du das auch?", fragte Carlo plötzlich.
„Was denn?", fragte sein Freund zurück.
„Ich weiß nicht, so ein Zittern, eine komische Vibration unter den Füßen."
„Stimmt, das ist ein cooler Rhythmus!", rief Luigi und wackelte mit den Hüften in einem verrückten Tanz.
Carlo lachte und beschloss das komische Gefühl einfach nicht zu beachten. Da hörte er plötzlich den Klingelton seines Mobiltelefons. Seine Mutter rief an.
„Hallo, Mama", sagte er.
„Carlo, komm so schnell wie möglich zu mir nach Hause!"

„Aber Mama, Luigi und ich sammeln gerade Steine“, protestierte er.
Dann hörte er schweigend zu, was seine Mutter ihm in schnellen Sätzen erklärte.
„Ja, Mama. In Ordnung. Du auch. Bis bald!“
Carlo unterbrach die Verbindung. „Ich muss nach Hause“, erklärte er Luigi. „Meine Mutter sagt, dass der Vulkan bald ausbrechen wird. Sie will mit dem Auto ein Stück bergab fahren, damit wir in Sicherheit sind.“
Luigi lachte schallend. „Deine Mutter nimmt ihren Job viel zu ernst. Solange Bürgermeister Fabiano uns nicht evakuieren lässt, wird schon alles in Ordnung sein. Außerdem habe ich mich so auf das Dorffest morgen gefreut!“
„Ja, ich mich auch“, gab Carlo zu. „Aber was ist, wenn meine Mutter recht hat? Ich will nicht von heißer Lava geröstet werden oder in der Asche ersticken.“ Er setzte sich in Bewegung.
„He, Carlo, komm mal her!“, rief Luigi ihm hinterher. „Schau dir diesen Stein an. So einen habe ich noch nie gesehen!“

Carlo konnte nicht widerstehen und drehte sich um. „Du Witzbold, das ist ja eine Traube!" Er lachte.

„Ich werde mir eine Weintraubensammlung zulegen", erklärte Luigi und hob weitere Trauben vom Boden auf. Dann begann er sie Carlo an den Kopf zu werfen. Carlo blieb nichts anderes übrig, als selbst welche zurückzuwerfen.

Plötzlich erschrak er. Mit einem Mal wurde ihm klar, woher diese komische Vibration unter seinen Füßen kam. Der Boden bewegte sich! Das waren keine harten Stöße wie bei einem Erdbeben.

Es war eher wie ein ständiges Rumpeln. Als ob unter der Erdoberfläche etwas kurz davor war überzukochen.

Vulkangestein

Alle diese Gesteine wurden einmal als Magma aus einem Vulkan herausgeschleudert. Je nachdem wie schnell das Magma auskühlt und hart wird, entstehen unterschiedliche Gesteinstypen.

Vulkanit

Er entsteht, wenn Magma an der Erdoberfläche abkühlt.

Basalt ist meist voller kleiner Löcher, die aus Gasblasen entstanden sind. Fast alle Meeresböden bestehen daraus.

Obsidian entsteht, wenn zähflüssige Lava schnell abkühlt. Er sieht aus wie Glas.

Plutonit

Er bildet sich, wenn Magma unter der Erdoberfläche abkühlt.

Granit ist der häufigste Plutonit. Du erkennst ihn an der rosa, weiß, grau und schwarz gefleckten Oberfläche.

Gabbro entsteht, wenn Magma tief unter der Erdoberfläche abkühlt und kristallisiert.

Pegmatit mit seinen großen Kristallen entsteht, wenn wasserhaltiges Magma abkühlt.

Die Erde hebt sich

Wann genau ein Vulkan ausbrechen wird, können Vulkanologen nicht vorhersagen. Aber sie können vor einem Ausbruch warnen. Hinweise darauf sammeln sie mithilfe ihrer Forschungsausrüstung.

Gravimeter

Dieses Gerät misst die magnetische Anziehungskraft des Magmas im Vulkan. Ändert sich dieser Wert, bedeutet das, dass sich das Magma bewegt. Dann könnte ein Ausbruch bevorstehen.

Satellitenbilder

Auf diesen Aufnahmen kann man erkennen, ob sich die Form einer Landschaft verändert. Infrarot- oder Wärmebilder zeigen, ob sich der Erdboden erwärmt.

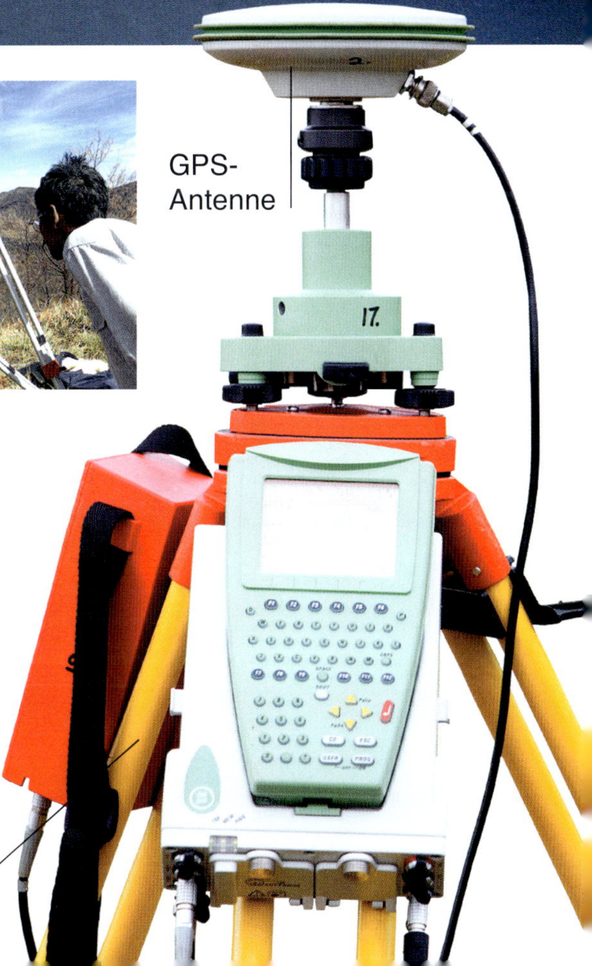

GPS (Global Positioning System)

Wenn Magma im Innern der Erde aufsteigt, hebt oder neigt sich die Erdoberfläche. Solche Änderungen kann man mit dem Satellitensystem GPS erkennen.

Berühmte Vulkane

Jeden Tag bricht irgendwo auf der Welt mindestens ein Vulkan aus. Einige Vulkane sind berüchtigt für ihre zerstörerischen Eruptionen.

Die roten Dreiecke auf dieser Karte kennzeichnen die wichtigsten Vulkane der Welt. Über 75 % der aktiven Vulkane liegen auf dem pazifischen Feuerring, also entlang der Küste oder auf Inseln im Pazifik. Hier finden auch etwa 90 % der Erdbeben statt.

Name	Größter Ausbruch	Ort
Mauna Loa	laufend	Hawaii (USA)
Pinatubo	1991	Luzon (Philippinen)
Mount St. Helens	1980	Washington (USA)
Tambora	1815	Sumbawa (Indonesien)
Vesuv	79 n. Chr.	Pompeji (Italien)

Streit auf dem Marktplatz

Auch Rosa spürte die Vibrationen. Sie stellte sich vor, wie sich das heiße Magma und die Gase im Innern des Vulkans bewegten. Sie wusste: Dieses gleichmäßige Zittern war ein Zeichen dafür, dass der Ausbruch des Vesuv kurz bevorstand.

„Wo ist der Junge bloß?“, fragte sich Rosa beunruhigt, während sie den Verkehr rund um den Marktplatz leitete. Sie trug nun eine leuchtend gelbe Sicherheitsweste und gab über ein Megafon Anweisungen, um für Ordnung zu sorgen.

Normal

Achtung

„Bitte nicht überholen!“, rief sie den Dorfbewohnern zu. „Fahren Sie langsam und vorsichtig! Ich weiß, Sie sind in Eile, aber ein Unfall würde alles nur verzögern.“
Das Dorffest war vergessen. Überall um sie herum liefen Leute zu ihren Autos und versuchten hupend zur Landstraße zu gelangen, die sie bergab führte, weit weg vom Vulkan und in Sicherheit.
„Marco!“, rief Rosa durch das Megafon, als sie ihren Kollegen entdeckte.
Er rannte zu ihr. „Hast du meinen Sohn gesehen?“
„Carlo? Nein, leider nicht“, antwortete Marco. „Aber ich werde meine Augen offen halten, versprochen.“
Rosa seufzte. „Danke. Wenn du ihn siehst, dann schick ihn bitte sofort zur Piazza. Sag ihm, dass es sehr dringend ist! Ich muss ihn in Sicherheit bringen.“ Sie machte sich große Sorgen.
„Ich sage es ihm, Rosa“, versprach Marco und legte ihr beruhigend die Hand auf die Schulter.

„Hier!“ Sie gab ihm den Schlüssel für den Geländewagen des Observatoriums. „Fährst du bitte raus zu den entfernteren Bauernhöfen und hilfst dort bei der Evakuierung? Nimm auch das Megafon mit.“

„Was ist mit dir?“, fragte Marco. „Wirst du den Wagen nicht brauchen, um mit Carlo von hier fortzukommen?“

„Wir werden meine alte Vespa nehmen“, erklärte sie. „Geh jetzt!“

Rosa sah auf das Display ihres Mobiltelefons. Kein Anruf von Carlo.

Um sie herum toste der Verkehr, es wurde gehupt und geschrien. Alle waren in Eile – aber wer wollte ihnen das vorwerfen? Rosa selbst hatte die Evakuierung in Gang gesetzt.

Sie und Marco hatten dem Bürgermeister ihre Daten gezeigt, aber dieser glaubte ihnen immer noch nicht.

„Nur noch ein Tag“, hatte er gesagt. „Warten Sie wenigstens, bis das Dorffest zu Ende ist.“

Aber das Risiko wollte Rosa nicht eingehen.

Evakuierungsplan

Aufgrund verstärkter Erdbewegungen in der Gegend um den Vesuv warnt der Gemeinderat von Montevista alle Bewohner in einem Umkreis von 20 km um den Krater. Sofortige Maßnahmen sind nicht notwendig, aber schalten Sie den örtlichen Radiosender ein und beginnen Sie mit der Evakuierung, sobald sie angeordnet wird.

Bitte treffen Sie folgende Vorbereitungen

Legen Sie sich bereit:

- [x] Taschenlampe und Ersatzbatterien
- [x] Erste-Hilfe-Kasten und Medikamente
- [x] Lebensmittel und Wasser
- [x] Feste Schuhe
- [x] Batteriebetriebenes Radio
- [x] Staubmaske und Schutzbrille

Geraten Sie im Falle einer Evakuierung nicht in Panik. Begeben Sie sich schnell, aber ruhig bergab zu einem der Evakuierungszentren außerhalb der Sperrzone.

Deshalb verließen nun alle das Dorf – alle, außer Bürgermeister Fabiano.

Er lief zwischen den bunten Buden und Girlanden umher und versuchte alle dazu zu überreden, das Dorffest mit ihm zu feiern und erst danach abzureisen.

Jetzt kam er auf Rosa zu. Direkt vor ihr, mitten auf der Straße, blieb er stehen. Sofort brach ein ordentliches Hupkonzert aus.

Der Bürgermeister zwirbelte seinen grauen Schnurrbart.

Normal | Achtung

„Das erste Mal seit Hunderten von Jahren wird das Dorffest von Montevista nicht stattfinden!“, rief er ihr zu. „Nur Ihretwegen wird morgen niemand mehr da sein, um zu feiern und Spaß zu haben.“
„Dafür werden alle vor dem Vulkan in Sicherheit sein“, entgegnete Rosa.
Bürgermeister Fabiano schüttelte den Kopf. „Sie wissen doch gar nicht, wann er ausbrechen wird“, widersprach er. „Auch Sie können das nicht mit absoluter Sicherheit sagen.“

„Das stimmt“, gab Rosa zu. „Aber ich habe Ihnen unsere Daten gezeigt. Der Vesuv wird sehr bald ausbrechen. Es ist doch besser, in Sicherheit zu sein, als wegen eines Dorffests ein Risiko einzugehen.“

Der Bürgermeister schüttelte erneut den Kopf. „Sie verursachen grundlose Panik“, sagte er vorwurfsvoll.

Rosa konnte es nicht fassen. „Herr Fabiano, Sie wissen doch, was mit den antiken Städten Pompeji und Herculaneum passiert ist, als der Vesuv ausbrach und viele, viele Menschen dabei ums Leben kamen? Genau das versuche ich zu verhindern! Wenn wir die Warnzeichen erkennen und fliehen können, warum um alles in der Welt sollten wir bleiben?“

Wieder musste sie an Carlo denken. Wo steckte er bloß?

Plötzlich tippte ihr jemand auf die Schulter. Rosa fuhr herum, aber es war nicht Carlo, sondern Aldo Rizzo.

„So trifft man sich wieder“, sagte er.

Rosa war sichtlich besorgt.
„Herr Rizzo, Sie sollten längst auf dem Weg sein und die Sperrzone verlassen, so wie alle anderen auch“, ermahnte sie ihn.
„Ich bleibe hier, um den Vulkan zu filmen“, erklärte Rizzo.
„Sehr gut!“ Der Bürgermeister klopfte dem Fernsehreporter anerkennend auf die Schulter.
„Bleiben Sie und filmen Sie morgen auch das Dorffest. Das wird eine schöne Werbung für unser Dorf.“
Rizzo grinste und hielt seine Kamera hoch.
„Haben Sie Zeit für ein Interview, Herr Fabiano?“
„Natürlich! Fantastisch! Auch das wird eine tolle Werbung sein!“
Der Bürgermeister zwirbelte seinen Bart und räusperte sich. Er warf Rosa einen triumphierenden Blick zu.
„Ihr Dummköpfe“, flüsterte Rosa. Sie wandte sich ab und machte sich wieder daran, den Verkehr zu leiten, während sie weiter nach Carlo Ausschau hielt.

Dorffest

Programm

10.00 Uhr Eröffnung

12.00 Uhr Kostüm-Umzug

14.00 Uhr Eselrennen

16.00 Uhr Weinprobe

18.00 Uhr Musik und Tanz

22.00 Uhr Feuerwerk

Mit halbem Ohr hörte Rosa bei dem Interview zu. Der Bürgermeister redete und redete. Er erklärte, wie wunderbar das Dorffest von Montevista morgen werden würde und dass es eine uralte Tradition sei.
Das stimmte ja alles. Auch Rosa liebte das bunte Treiben auf dem Dorffest. Aber der Bürgermeister vergaß zu erwähnen, dass ein wichtiges Ereignis das Dorffest dieses Jahr verhindern würde: Der Vulkan war kurz davor auszubrechen!
Schließlich fragte Rizzo: „Und was ist mit den Warnungen vor einem Vulkanausbruch, Herr Fabiano?“
„Der Vesuv ist eine der Hauptattraktionen der Region“, antwortete der Bürgermeister. „Natürlich könnte er jederzeit ausbrechen, schließlich ist er ein Vulkan. Aber wir sollten nicht wegen jedem kleinen Vorfall gleich panisch werden. Das ist jedenfalls meine Meinung. In Montevista genießen wir das Leben in vollen Zügen. Kommen Sie morgen zum Fest, Sie werden es selbst erleben!“

Rosa traute ihren Ohren kaum. Sie unterbrach den Bürgermeister. „Ihnen ist doch wohl klar, dass die Warnzeichen keine *kleinen Vorfälle* mehr sind? Die Lage ist ernst!“
Plötzlich bemerkte sie, dass Aldo Rizzo seine Kamera auf sie gerichtet hatte.
„Ich bin Rosa Carelli und arbeite als Vulkanologin am Observatorium.“ Sie sprach nun direkt in die Kamera. „Wir raten jedem den Berg zu verlassen und die Sicherheitszonen aufzusuchen. Es gibt wissenschaftliche Beweise, dass ein Ausbruch des Vesuv kurz bevorsteht.“
„Ich habe mal einen Vulkanausbruch auf Hawaii erlebt“, sagte Aldo nun in die Kamera. „Es war wunderschön anzusehen, wie die Lava in die Höhe schoss. Viele Touristen sahen sich das Spektakel an.“
„Aber der Vesuv ist eine ganz andere Art von Vulkan“, erklärte Rosa. „Er ist eher wie Mount St. Helens. Wenn er ausbricht, dann schießen riesige Aschewolken und Lavabomben aus dem Krater und verbreiten sich über die Region.“

Ein lautes Hupkonzert unterbrach ihre Rede.
Rosa wandte sich um. Sie sollte lieber den Menschen helfen, die ihrem Rat folgten. Mochten Aldo Rizzo und der Bürgermeister doch ihr Leben riskieren.
Rosas Erfahrung und ihr Bauchgefühl sagten ihr, dass sie den anderen auf ihrem Weg nach unten folgen sollte. Aber ohne Carlo würde sie Montevista nicht verlassen. Wo steckte er nur?

?

Wie würdest du dich fühlen, wenn du dein Zuhause verlassen müsstest?

Bekanntmachung

Evakuierungswarnung!

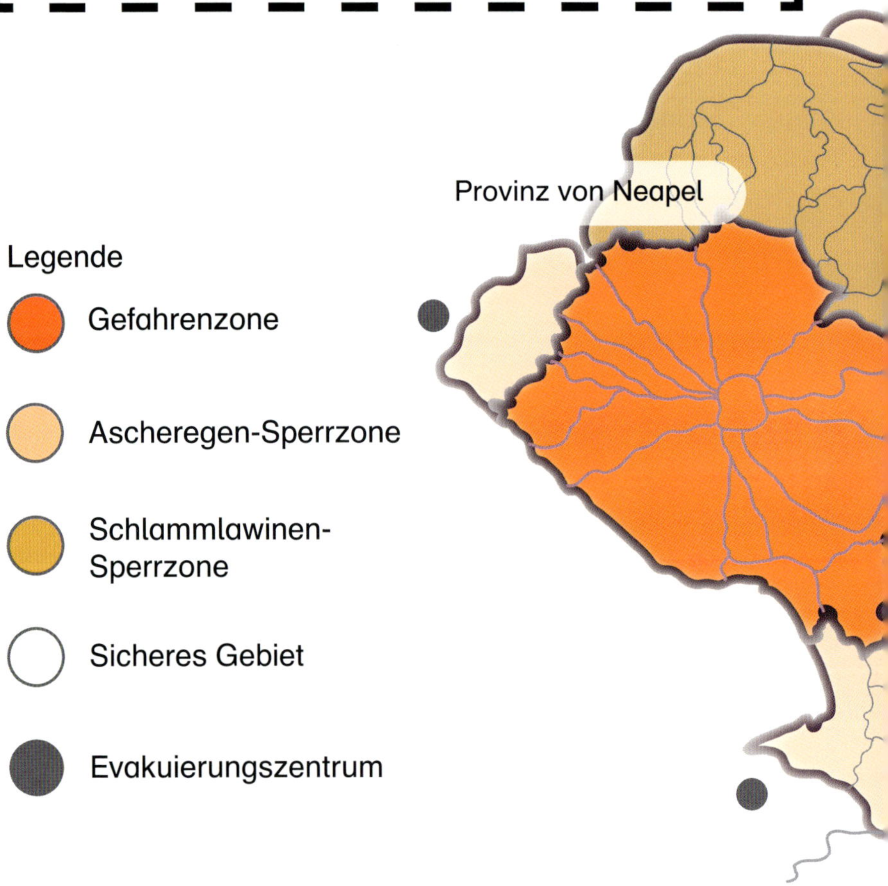

Bitte die Evakuierungszentren aufsuchen!

Welche **Art von Vulkan** gefällt dir am besten? Zwei Vulkanologen stellen die Art von Vulkanausbruch vor, die sie am meisten beeindruckt.

Kilauea in Hawaii – Ausbrüche ununterbrochen seit 1983

„Wenn Lavafontänen Hunderte von Metern in die Luft geschleudert werden, ist das ein beeindruckender Anblick. Bei diesem Schildvulkan muss man nicht lange warten, bis etwas passiert – er ist ständig aktiv. Lava fliegt durch die Luft oder fließt zäh wie Schlamm über die Ränder des Kraters und bildet rot leuchtende Flüsse. Die Lavaflüsse breiten sich aus und schaffen eine völlig neue Landschaft. Was ihnen im Weg steht, fängt Feuer. Man kann zuschauen, wie die Lava abkühlt und faszinierende Formen entstehen. Diese Ausbrüche sind gewaltig und wunderschön, es ist atemberaubend, dabei zuzuschauen. Und man kann tolle Fotos schießen."

Mount St. Helens – Gewaltiger Ausbruch 1980

„Aufregend an diesen explosiven Ausbrüchen finde ich, dass man sie nie vorhersagen kann. Diese Schichtvulkane rühren sich zehn oder gar 100 Jahre nicht und brechen dann mit einer furchterregenden Wucht aus. Sie sind wie schlafende Riesen, die plötzlich aufwachen. Magma und Gas in ihrem Innern haben den Druck anwachsen lassen und brechen sich in einem explosiven Moment den Weg. Gas, Asche, Lavabomben und Gesteinsbrocken werden Hunderte von Metern in die Luft geschleudert und regnen auf die umliegende Gegend herab. Besonders gefährlich wird das, wenn die Aschewolke plötzlich in sich zusammenfällt und als pyroklastischer Strom die Hänge herabschießt. Nach der Eruption ist die Landschaft verändert. Und niemand weiß, wann sich das Spektakel wiederholt."

Die letzte Warnung

Carlo und Luigi trotteten den Weg hinunter zum Dorf. Eine endlose Karawane aus Autos fuhr neben ihnen den Berg hinab.

„Komisch. Normalerweise fährt doch kein Mensch auf diesem Feldweg“, sagte Carlo verwundert. Die Traubenschlacht mit Luigi hatte Spaß gemacht, aber jetzt hatte er das Gefühl, dass irgendetwas nicht stimmte. Unwillkürlich begann er schneller zu laufen.

„Spürst du diesen witzigen Rhythmus noch?“, fragte Luigi. „Er ist schneller geworden, oder?“

Carlo nickte beklommen. Auch er hatte das bemerkt. Was, wenn seine Mutter recht hatte mit ihren Warnungen?

In diesem Augenblick hörte er, wie jemand seinen Namen rief.

„Carlo Carelli!“

Suchend sah er sich um. Luigi zeigte auf einen Geländewagen mit dem Zeichen des Observatoriums.

Aber im Wagen saß nicht Carlos Mutter. Stattdessen lehnte sich Marco aus dem Fenster und rief Carlo durch das Megafon zu sich. Der Junge bahnte sich einen Weg an der Autoschlange vorbei und lief zu Marco.

Im Geländewagen saßen Bauern mit Tüten und Taschen, darunter Luigis Eltern.

„Hallo!“, grüßte Luigi. „Wie geht's?“

Die Leute im Wagen rückten zusammen, damit Luigi einsteigen konnte.

„Also“, sagte Luigi und grinste, obwohl alle anderen ernste Gesichter machten. „Was gibt's? Wohin geht die Reise?“

„Runter vom Berg“, erwiderte Marco. „Der Vulkan kann jederzeit ausbrechen! Carlo, steig auch ein, ich fahre dich zur Piazza. Deine Mutter wartet dort auf dich. Sie ist schon ganz verrückt vor Sorge.“

Carlo blickte auf die lange Autoschlange. „Bei dem Verkehr dauert es Jahre, bis wir die Piazza erreichen“, dachte er.

„Ich kenne eine Abkürzung. Zu Fuß bin ich schneller!“, sagte er zu Marco.

So rasch er konnte, rannte er auf Schleichwegen zum Dorf zurück. Sein Herz schlug wie wild. Es war, als würde er mit dem Vulkan um die Wette laufen. Endlich erreichte er die Dorfstraße und dann die Piazza.

Aber der Platz war wie ausgestorben. Suchend blickte Carlo sich um. Nur Bürgermeister Fabiano und ein Mann mit einer Kamera standen dort. Sie wirkten kein bisschen beunruhigt. Carlo ging zu ihnen hinüber.

„Haben Sie meine Mutter gesehen?“, fragte Carlo den Bürgermeister.

Voralarm	**Alarm**

„Sie hat sich Sorgen um dich gemacht, junger Mann“, sagte der Bürgermeister. „Sie macht sich wohl häufiger mal Sorgen, was?“

Carlo betrachtete den anderen Mann. Erstaunt fragte er: „Sind Sie nicht der Reporter aus dem Fernsehen?“

Der Mann grinste. „Ja, genau. Aldo Rizzi. Der bin ich.“

„Carlo, endlich!“

Rosa rannte aus der Straße, in der sie wohnten, auf den Platz. Erleichtert nahm sie ihren Sohn in die Arme und küsste ihn auf beide Wangen. Normalerweise wäre Carlo das ziemlich peinlich gewesen, aber er sah die Angst in den Augen seiner Mutter.

„Tut mir leid, Mama, aber Luigi und ich waren noch …“

„Wir haben keine Zeit, Carlo. Wir müssen uns beeilen.“

Rosa zog Carlo mit sich zu ihrer alten Vespa. Im Beiwagen hatte sie ein Bündel Kleider und andere wichtige Dinge verstaut.

Carlo erinnerte sich daran, wie er als kleines Kind oft hinter seiner Mutter auf dem Sitz des Motorrollers gesessen hatte. Dann war sie mit ihm durch die Straßen geflitzt und er hatte vor Vergnügen geschrien.
Er nahm den Helm, den seine Mutter ihm reichte, und setzte ihn auf. Dann quetschte er sich hinter sie auf den Sitz der Vespa. Rosa startete den Motor und es ging los.
Carlo hielt sich an seiner Mutter fest, während sie sich gekonnt in die Kurven lehnte.

Normal	Achtung

Es war, als würden sie den Berg hinunterfliegen, so schnell fuhr Rosa. Die Straße führte in engen Kurven bergab.
Carlo war froh, dass seine Mutter den alten Motorroller so gut im Griff hatte.
Plötzlich erschütterte ein starkes Erdbeben den Vesuv.
Die Vespa schlingerte. Aus Angst, die Böschung hinunterzufallen, klammerte sich Carlo an seiner Mutter fest.
Schnell fuhr Rosa weg von der Böschung hin zur Hangseite der Straße und stellte die Vespa ab.
Carlo und sie kauerten sich auf die Erde nieder.
Während Erde und Steine auf sie herabfielen und von ihren Helmen abprallten, drängten sie sich dicht aneinander.
Noch immer bebte die Erde. Carlo schloss die Augen. Er hatte Angst, dass sich eine Spalte auftun und der Berg sie verschlingen würde.
Das war bei Weitem das stärkste Erdbeben, das er je erlebt hatte.
Was mochte als Nächstes kommen?

Als die Erde endlich aufhörte zu beben, öffnete Carlo die Augen. Seine Mutter und er waren unverletzt. Aber die Straße war mit Schutt übersät. Und er konnte tatsächlich Spalten im Hang erkennen! Dampf quoll aus ihnen hervor. Es roch nach faulen Eiern.

Seine Mutter wirkte ungewohnt blass. „Genau dasselbe passierte am Mount St. Helens: Zuerst gab es ein gewaltiges Erdbeben, dann brach der Vulkan aus."

Carlo schwirrte der Kopf. Aus irgendeinem Grund

Normal

Achtung

erschien plötzlich der menschenleere Dorfplatz vor seinem inneren Auge.

„Was wird aus dem Bürgermeister und dem Reporter?“, fragte er. „Sie sind immer noch in Montevista.“

Entschlossen bestieg Rosa die Vespa. „Wir müssen zurückfahren und sie holen. Komm, Carlo!“

Carlo setzte sich wieder hinter seine Mutter und gemeinsam rasten sie die Straße hinauf zurück zum Dorf.

Lockermaterial

Lapilli sind 2–64 mm große Steinchen.

Asche besteht aus Teilchen kleiner als 2 mm.

Lavabomben sind rundliche, feinkörnige Steine mit mehr als 64 mm Durchmesser.

Haar der Pele entsteht, wenn Lava im Wind lange, glasartige Fäden zieht.

Schweißschlacke bildet sich, wenn Lapilli und Lavabomben noch flüssig sind, wenn sie auf dem Boden aufkommen.

Bims entsteht, wenn Gasblasen in der Lava beim Abkühlen kleine Löcher hinterlassen. Er ist sehr leicht.

Schlacke ist schwer und entsteht aus Lavafetzen.

Staub besteht aus fein zermahlenen Steinen und Mineralien.

Augenzeugenbericht

Mount St. Helens: Ausbruch 1980

Form vor 1980

Einen Monat vor dem Ausbruch im Mai stieß der Mount St. Helens in Washington (USA) Aschewolken aus. Wir beobachteten den Vulkan aus der Ferne und fragten uns, was er wohl als Nächstes plante.

Die Säule stieg 24 km hoch in den Himmel.

Am 18. Mai 1980 um 8.32 Uhr bebte die Erde. Die gesamte Nordwestseite des Berges rutschte hangabwärts und es kam zu einer gewaltigen Eruption. Sprachlos sahen wir, wie ein brennender Strom aus heißem Gas, Asche und Gesteinsbrocken den Berg hinabraste und alles zerstörte.

Die heißen Steine und das Gas schmolzen den Schnee. Schlammlawinen flossen talwärts und rissen Bäume und Brücken mit sich.

Mit Asche bedeckter Schnee

Eine dichte Aschewolke hing kilometerweit über der Gegend und verdunkelte den Himmel über den Städten. Mehr als 15 Zentimeter Asche fielen herab.

Es war völlig still.

Seither haben kleinere Ausbrüche den Gipfel zerstört und neu geformt. Vulkanologen beobachten die Aktivität des Vulkans genau.

Spalten werden ausgemessen.

Bau dir einen Vulkan

Die chemischen Reaktionen, die bei Vulkanen große Ausbrüche auslösen, kannst du zu Hause in deiner Küche in Klein nachahmen. Du brauchst dazu nur einige einfache Dinge, die in jedem Haushalt zu finden sind.

Das brauchst du:

- 50 ml Essig
- Rote Lebensmittelfarbe
- 2 EL Backpulver
- Eine kleine Flasche
- Trichter
- Sand

Vorsicht: Wenn Essig auf deine Haut tropft, wasche ihn sofort mit Wasser und Seife ab.

Anleitung

1 Gib die rote Farbe zum Essig und schüttele ihn kräftig.

2 Fülle das Backpulver in die kleine Flasche.

3 Stelle die Backpulverflasche in die Mitte eines Tabletts oder großen Tellers. Schichte feuchten Sand rundherum auf, sodass ein Vulkankegel entsteht.

4 Gieße den Essig mithilfe des Trichters in die Backpulverflasche. Der Essig reagiert mit dem Backpulver. Nun kannst du beobachten, wie dein Vulkan ausbricht!

Der Vulkan bricht aus

Von den bunten Buden auf der Piazza von Montevista waren nur noch Bretterhaufen übrig. Das Erdbeben hatte sie zerstört.
Rosa sah zu dem gelben Haus hinüber, in dem ihre Wohnung lag. Große Risse waren in den Mauern zu sehen und die Fensterläden hingen schief in den Angeln. Traurig dachte Rosa an ihre schöne Wohnung. Sie wusste, dass das Erdbeben nur der Anfang von allem war. Als Nächstes kam der Vulkanausbruch! Und was würde dabei wohl alles passieren?

Normal

Achtung

„Schau nur, Mama!“ Carlo zeigte auf einen Transporter. Er trug das Zeichen eines Fernsehsenders, das er auch schon auf Aldo Rizzos Kamera gesehen hatte. Eine Straßenlaterne war auf den Wagen gestürzt.
„Gut, dass wir zurückgekommen sind. Ohne uns käme dieser Reporter jetzt nicht mehr von hier weg.“
In diesem Moment hörten sie Rufe.
„Hilfe! Kommen Sie hierher! Der Bürgermeister braucht Hilfe!“
Unter einem Bretterhaufen tauchte der Kopf von Aldo Rizzo auf. Mühsam stand der Mann auf.
Sie rannten zu ihm.
Bürgermeister Fabiano lag unter der Fahne mit dem Dorfwappen, sein Gesicht war blass und schweißüberströmt, die Enden seines Schnurrbarts hingen herunter.
„Na gut, Rosa, Sie hatten recht. Das Fest wird wohl ausfallen.“ Vor Schmerz zuckte er zusammen. „Aber schuld ist nicht der Vulkan, sondern ein Erdbeben.“

„Sie irren sich. Der Vulkan wird ausbrechen, und das sogar bald! Wir müssen Sie dringend von hier wegbringen“, antwortete Rosa.

„Würden Sie Herrn Rizzo bitte helfen, den Fahnenmast hochzuheben?“ Der Bürgermeister verzog das Gesicht. „Er ist mir auf den Fuß gefallen.“

Rizzo, Rosa und Carlo griffen nach dem hölzernen Mast.

„Eins, zwei, drei“, zählte Rosa und gemeinsam stemmten sie den Mast hoch, damit Fabiano seinen Fuß wegziehen konnte.

Normal | Achtung

Erleichtert seufzte der Bürgermeister auf. „Vielen Dank!"
Rosa rannte zur Vespa und schob sie auf die Piazza.
Der Bürgermeister legte einen Arm um Rizzos Schultern und den anderen um Carlos. Langsam humpelte er ihr entgegen.
Rosa bemerkte, dass Carlo sich dabei mit einer Hand die Nase zuhielt. Kein Wunder, der Geruch nach Schwefel war mittlerweile so stark, dass sie fast würgen musste. Es war höchste Zeit, dass sie von hier wegkamen, bevor der Vulkan ausbrach!
Rosa nahm die Taschen aus dem Beiwagen und warf sie fort. „Herr Fabiano, Sie und Carlo setzen sich in den Beiwagen. Das wird schon irgendwie gehen. Herr Rizzo, Sie setzen sich hinter mich. Schnell!"
Niemand wagte zu widersprechen. Ohne ein Wort nahmen sie ihre Plätze ein. Wenig später sauste der Motorroller den Berg hinab.

Normal	Achtung

Voll beladen, wie sie jetzt waren, war es für Rosa noch schwieriger, zwischen all den Steinen und dem Schutt hindurchzufahren. Aber es gelang ihr. Sie fuhr schnell, aber vorsichtig.
Als Montevista hinter ihnen lag und sie ein Stück weit bergab gefahren waren, erlaubte sie sich einen Seufzer der Erleichterung.
Genau in diesem Augenblick ertönte ein ohrenbetäubender Knall. Der Vesuv brach aus! Die Erde bebte und Rosa verlor die Kontrolle über den Motorroller.
Für einen kurzen Moment wurde die Vespa in die Luft geschleudert und landete dann hart wieder auf der Straße.
Rosa versuchte, sie wieder unter Kontrolle zu bekommen. Sie wollte sich am liebsten umdrehen und sehen, was am Krater passierte – immerhin hatte sie diesen Vulkan jahrelang beobachtet und erforscht.
Aber sie wusste, dass sie sich unbedingt auf die Straße konzentrieren musste, sonst wären sie verloren.

Voller Panik klammerte sich Aldo Rizzo an Rosa. Der Bürgermeister hatte die Augen vor Angst geschlossen. Nur Carlo drehte sich um und sah zum Gipfel hoch.

Eine riesige Aschewolke stieg vom Krater auf, schob sich vor die Sonne und verdunkelte den Himmel. Dann hörte er ein Knistern und als Nächstes zuckten Blitze kreuz und quer durch die Aschewolke. Es war ein atemberaubender Anblick.

Rosa fuhr so schnell sie konnte, aber mit ihren drei Passagieren fiel es ihr schwer, die Spur zu halten.

Sie hatten den Vulkanausbruch nur um Haaresbreite überlebt. Hätten sie Montevista auch nur eine Minute später verlassen, wären sie nicht mehr rechtzeitig entkommen.

Nun aber näherten sie sich bereits dem Fuß des Berges. Vor ihnen wurde das Gelände allmählich flacher. Noch wenige Kilometer und sie hatten das Ende der Sperrzone erreicht. Dort waren sie in Sicherheit.

Doch Rosa wusste auch, dass sie sich auf der Westseite des Berges befanden, dort, wo ihre Kollegen die Wölbung im Hang entdeckt hatten. Und die Gefahr eines pyroklastischen Stroms war groß. Wenn sie sich nicht irrte, blieb ihnen nicht mehr viel Zeit …

?

Wie wäre es wohl, wenn ein Strom von heißen Steinen und Gas auf dich zurasen würde?

Alles über Vulkane – Teil 3

Fakten: Eruptionen!

Die Stärke eines Vulkanausbruchs hängt davon ab, wie viel Druck sich im Vulkan aufgebaut hat.

1 Die Magmakammer füllt sich.

2 Das Magma hält die entstehenden Gase fest, der Druck steigt.

3 Magma steigt durch Schwachstellen auf, meist zum Krater oder durch einen Seitenschlot.

4 Wird das aufsteigende Magma blockiert, wölbt sich manchmal die Erdoberfläche vor.

5 Der Druck wird zu groß und sprengt die Kruste auf. Asche und Lavabomben fliegen in die Luft.

6 Flüssigere Lava fließt aus dem Krater oder Seitenschlot.

7 Der Druck lässt die Aschewolke hoch aufsteigen. Erst dann breitet sie sich aus.

8 Sinkt der Druck plötzlich, fällt die Wolke in sich zusammen und rast als pyroklastischer Strom hangabwärts.

7
5
8
6
4
3
2
1

Vulkanexplosivitäts-index (VEI)

Der VEI gibt an, wie viel lockeres Material bei einem Ausbruch ausgeschleudert wurde, wie hoch die Aschesäule war und wie lange der Ausbruch dauerte. Mit jeder Stufe nimmt die Stärke der Eruption um das Zehnfache zu.

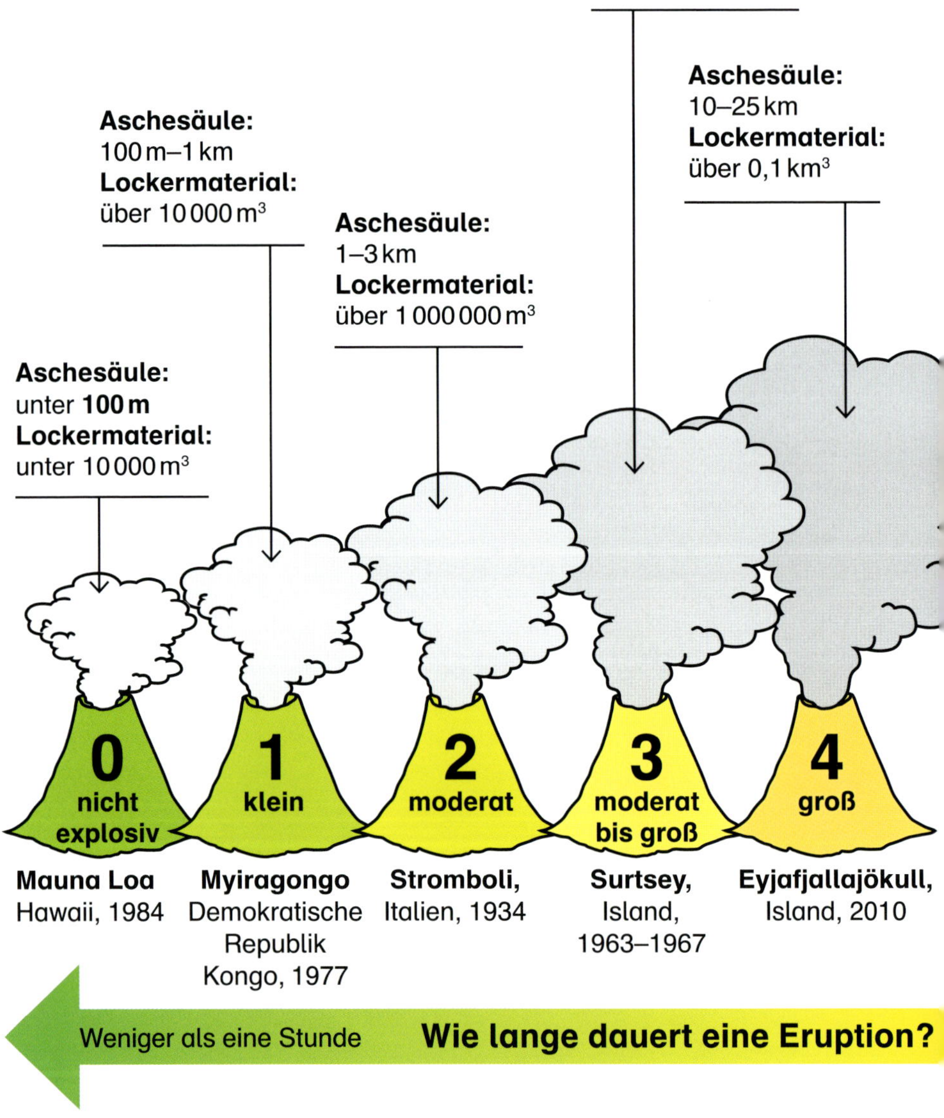

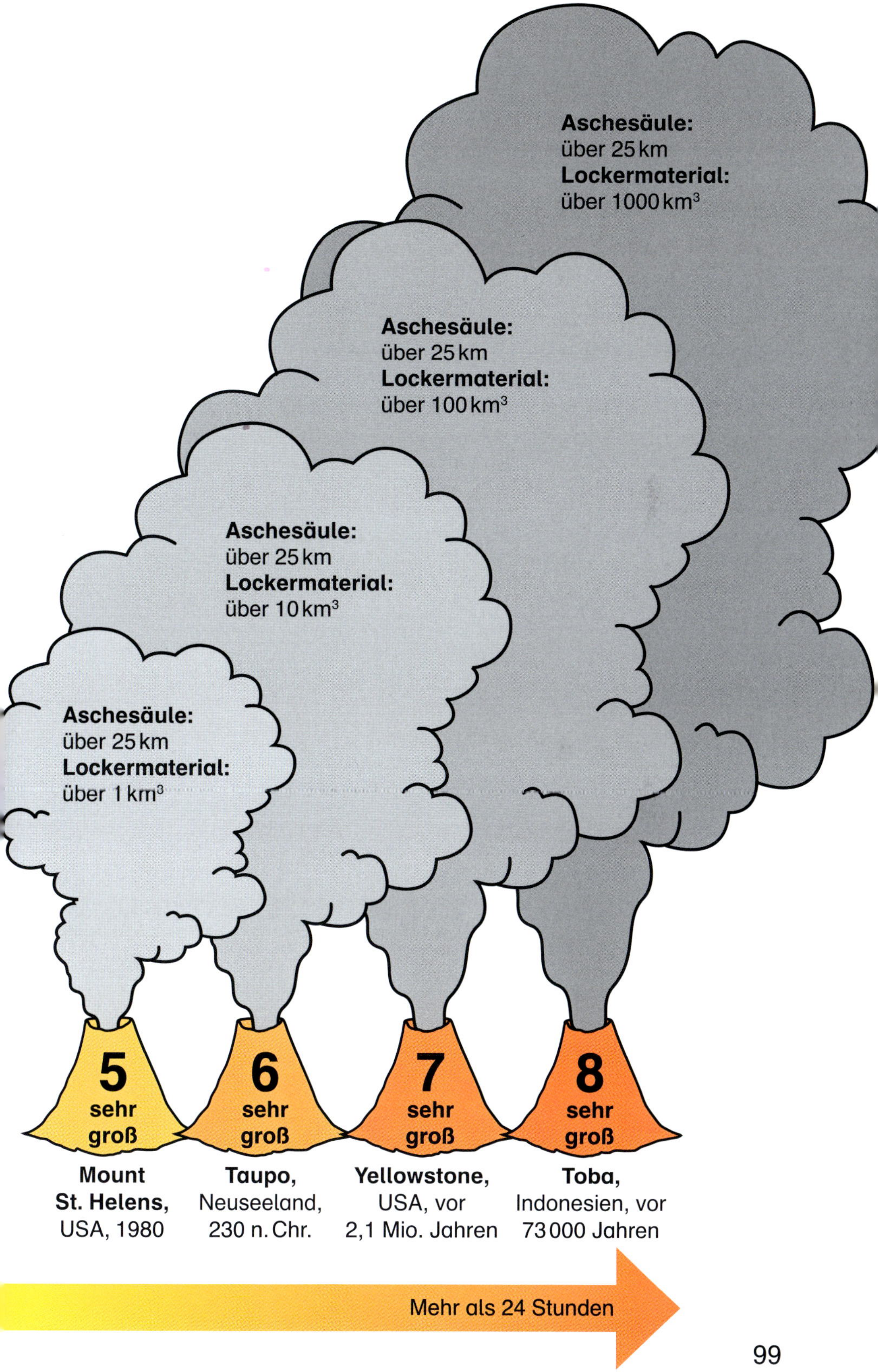
Aschesäule:
über 25 km
Lockermaterial:
über 1000 km³
Aschesäule:
über 25 km
Lockermaterial:
über 100 km³
Aschesäule:
über 25 km
Lockermaterial:
über 10 km³
Aschesäule:
über 25 km
Lockermaterial:
über 1 km³
5 sehr groß
6 sehr groß
7 sehr groß
8 sehr groß
Mount St. Helens, USA, 1980
Taupo, Neuseeland, 230 n. Chr.
Yellowstone, USA, vor 2,1 Mio. Jahren
Toba, Indonesien, vor 73 000 Jahren
Mehr als 24 Stunden

Tödliche Ausbrüche

Schon immer war es gefährlich, wenn die schlafenden Riesen plötzlich erwachten. Warnungen solltest du daher ernst nehmen.

Name Tambora

Ort Sumbawa, Indonesien

Datum 5. bis 12. April 1815

Tote 92 000–100 000

Noch in 1000 km Entfernung konnte man die Eruption hören. Menschen erstickten an der Asche. Mitten im Sommer herrschten weltweit winterliche Temperaturen.

Name Unzen

Ort Japan

Datum 21. Mai 1792

Tote 14 500–15 000

Beim Ausbruch rutschten riesige Erdmassen ins Meer und verursachten einen Tsunami. Die meisten Menschen starben an der Wucht, mit der die Welle aufs Land traf.

Name Krakatoa

Ort Indonesische Insel

Datum 26. bis 27. August 1883

Tote 36 400

Mit dem lautesten Knall der Welt brach der Vulkan aus. Er fiel bis unter die Meeresoberfläche in sich zusammen. Mindestens siebenmal gingen die Schockwellen um die Erde.

Name Mont Pelée

Ort Martinique

Datum 8. Mai 1902

Tote 30 000–40 000

In nur zwei Minuten erreichte eine gigantische Wolke aus Wasserdampf, Gas und Asche die Stadt St. Pierre und zerstörte sie. Nur zwei Menschen überlebten.

Name Nevado del Ruiz

Ort Kolumbien

Datum 13. November 1985

Tote 22 900–25 000

Mitten in der Nacht schossen Lahare (Schlammlawinen) den Vulkan herab. Vier Städte wurden unter den Schlammmassen begraben.

Nur etwa 150 der über 3000 Vulkane weltweit werden überwacht.

Besuche die Supervulkane der Erde!

Tobasee

Dieser Kratersee in Indonesien ist 500 m tief und so groß wie eine Stadt. Er liegt in der Caldera eines Supervulkans, der das letzte Mal vor 74 000 Jahren ausbrach. Asche fiel über ganz Südostasien nieder. Die riesige Aschewolke könnte der Grund für die folgende Eiszeit gewesen sein.

Yellowstone

Die Caldera dieses Supervulkans in Wyoming (USA) zieht sich über 72 km durch den Yellowstone Nationalpark. Beim letzten der drei großen Ausbrüche vor 640 000 Jahren fiel Asche über der gesamten Fläche der heutigen USA herab. Über 250 Geysire sind in der Caldera bis heute aktiv.

Wettlauf mit dem Vulkan

Carlo konnte seinen Blick nicht von dem Vulkan abwenden.

Immer mehr Asche quoll aus dem Krater hervor und die Aschewolke über dem Vulkan wurde größer und größer. Blitze flackerten über den verdunkelten Himmel.

Dann bemerkte Carlo noch etwas anderes – etwas, das aussah wie ein Strom aus Asche und Schlamm. Er schoss den Hang herab und mähte dabei sämtliche Bäume nieder. Er kam direkt auf sie zu!

Carlo dachte an Pompeji und Herculaneum.

Damals waren die Menschen unter der Asche begraben worden. Drohte ihnen dasselbe Schicksal? Seine Mutter hatte gesagt, dass diese pyroklastischen Ströme alles zerstörten, was ihnen in die Quere kam.

Pyroklastische Ströme

1 Pyroklastische Ströme sind extrem schnelle Lawinen aus Asche, Gesteinsbrocken und giftigen Gasen.

2 Bimsströme und Ascheströme sind zwei Formen von pyroklastischen Strömen.

3 Bimsströme enthalten vor allem leichte Bimssteine und fließen bis zu 200 km weit.

4 Bei Ascheströmen überwiegt der Ascheanteil. Sie fließen bis zu 50 km weit.

5 Ein pyroklastischer Strom kann über 400 Stundenkilometer schnell werden.

6 Je steiler der Hang und je flüssiger die Bestandteile, desto höher die Geschwindigkeit.

7 Die Temperatur im Inneren kann über 700 °C betragen.

8 Oft teilt sich der Strom in eine dichte „Unterwolke“ und eine gasreiche „Oberwolke“.

9 Lahare (vulkanische Schlammlawinen) entstehen, wenn sich pyroklastisches Material mit Wasser mischt.

10 Pyroklastische Ströme und Lahare sind absolut tödlich, weil sie so schnell und heiß sind.

11 Was immer den Strömen im Weg steht, fängt Feuer und wird zerstört.

12 Bei den Ausbrüchen von Pinatubo, Mount St. Helens und Mont Pelée kam es zu besonders gewaltigen pyroklastischen Strömen.

„Schneller, Mama, schneller!“, schrie Carlo. Rosa wendete den Blick nicht von der Straße, aber Carlo sah ihren entschlossenen Gesichtsausdruck. Er wusste, sie würde so

Normal

Achtung

schnell fahren, wie es nur ging. Hoffentlich war das schnell genug! Immer wieder sah er sich um. Es war, als würden der Schlamm und die Asche sie jagen.
Es war ein Wettlauf um ihr Leben, das war ihm klar.
Doch Carlo hoffte inständig, dass ihr Vorsprung ausreichen würde. Und obwohl er ganz still im Beiwagen saß, klopfte sein Herz wie verrückt.
Der Bürgermeister neben ihm hatte noch immer die Augen geschlossen. Carlo zwang sich, nicht mehr zu dem Strom aus Schlamm und Asche zu schauen, und wandte den Blick stattdessen zum Meer, das vor ihnen in der Ferne glitzerte.
Die Kurven nahmen kein Ende. Ängstlich warf Carlo einen Blick zurück. Würde der Strom sie gleich unter sich begraben? Oder hatten Sie eine Chance der Katastrophe zu entkommen?
Aber was er sah, zauberte ein Lächeln auf sein Gesicht. Hier am Fuß des Berges war das Gelände flacher und der Strom war langsamer geworden. Jetzt konnte er sie nicht mehr einholen!

Carlo hielt den Daumen hoch und seine Mutter lächelte. Mit einer Hand deutete sie auf die großen Schneeflocken, die plötzlich vom Himmel fielen.
Merkwürdig, dachte Carlo. Es war doch mitten im Sommer und unglaublich heiß.
Dann sah er genauer hin und bemerkte, dass die Flocken schwarz waren. Das war gar kein Schnee, sondern Asche aus dem Vulkan!
Erstaunt beobachtete Carlo, wie sich die Wolke über ihnen absenkte und mehr und mehr Asche vom Himmel herabregnete. Wie in einem Schneesturm wurde es dunkel und die Landschaft verschwand unter einer Decke aus Asche.
In der Ferne tauchten Lichter in der Dunkelheit auf. Als sie näher kamen, begann Rosa zu jubeln. Carlo, Aldo Rizzo und der Bürgermeister fielen ein.
Endlich hatten sie das Ende der Sperrzone erreicht.
Sie waren in Sicherheit!

Rosa parkte den Motorroller vor dem Evakuierungszentrum. Sofort kamen Sanitäter. Sie holten eine Trage, auf der sie den Bürgermeister ins Haus brachten. Aldo Rizzo folgte ihnen.

Rosa und Carlo stellten sich neben den Beiwagen der Vespa. Noch immer segelten Ascheflocken vom Himmel.

„Wir haben es geschafft!“ Liebevoll umarmte Rosa ihren Sohn. „Wir sind gesund und in Sicherheit.“

„Ja“, erwiderte Carlo nachdenklich. „Das war ganz schön knapp, oder? Aber wir sind dem Vulkan entkommen!“

Da bemerkte er auf einmal einen orangefarbenen Lichtschein über dem Krater des Vesuv.

„Kommt jetzt heiße Lava aus dem Vulkan?“, fragte er.

„Nein, ich denke, der Vesuv hat vor allem Asche und Gas ausgespuckt“, erklärte seine Mutter. „So kam es auch zu dem gewaltigen Knall.“

Normal

Achtung

„Aber woher kommt dann das Licht?“, fragte Carlo. Da sah er, wie sich das Leuchten in einen großen orangefarbenen Ball verwandelte. Es war die Sonne, die hinter dem Berg unterging und den Himmel in orange- und rosafarbenes Licht tauchte. Jetzt leuchtete auch die Aschewolke in wunderschönen Farben.

Voller Bewunderung betrachteten Rosa und Carlo den Himmel. Sie waren froh, zusammen und am Leben zu sein.

Klingeling, klingeling!

Frau Carelli: *(meldet sich am Telefon)*
Hallo!

Rosa:
Mama!

Frau Carelli:
Rosa, bist du das? Gott sei Dank! Wir haben uns solche Sorgen gemacht! Seid ihr in Sicherheit? Seid ihr verletzt? Was ist mit Carlo?

Rosa:
Es geht uns beiden gut. Aber es war ganz schön knapp.

Frau Carelli:
Wir haben Bilder von dem Ausbruch im Fernsehen gesehen. Die ganze Westseite des Vulkans ist zerstört. Wo wart ihr, als der Vesuv ausbrach?

Rosa:
Wir waren noch oben auf dem Berg. Der Bürgermeister wollte Montevista nicht verlassen. Dann gab es dieses heftige Erdbeben kurz vor der Eruption. Deswegen sind Carlo und ich zurückgefahren, um ihn und einen Fernsehreporter zu holen. Der Weg hinunter war ein Albtraum.

Frau Carelli:
Du hast dein Leben für sie riskiert? Du bist verrückt! Aber: Ich bin jedenfalls froh, dass es euch gut geht.

Rosa:
Das sind wir alle. Nur wenige Leute wurden während der Evakuierung verletzt, ein paar haben Atemprobleme von der Asche, die sie eingeatmet haben.
Frau Carelli:
Wo bist du jetzt?
Rosa:
Wir sind im Evakuierungszentrum am Rand von Neapel. Sie sorgen hier gut für uns. Die Rettungskräfte und auch die Bewohner versorgen uns mit Essen und Schlafplätzen.
Frau Carelli:
Kann ich mit Carlo sprechen?
Rosa:
Na klar!
Carlo:
Hallo, Oma!
Frau Carelli:
Carlo, wie schön, deine Stimme zu hören! Wie ich höre, hast du ein richtiges Abenteuer hinter dir, du tapferer Kerl!
Carlo:
Ja. Ich hatte wirklich Angst. Aber wenn ich jetzt daran zurückdenke, dann war es irre, den Ausbruch zu sehen. Es war, als wäre ein Riese aufgewacht. Noch immer spuckt der Berg Asche aus. Ein unglaublicher Anblick.
Frau Carelli:
Dein Großvater und ich, wir sind beide so erleichtert, dass ihr in Sicherheit seid!

Alles über Vulkane – Teil 4

Fakten:

Viskosität

Die Viskosität gibt an, wie zähflüssig die Lava ist. Sie hängt von der Temperatur und der Menge an Siliziumdioxid ab. Je mehr Siliziumdioxid, desto dicker und zähflüssiger ist die Lava.

★★★

Lavatypen

★ **Pahoehoe-Lava** ist dünnflüssig und fließt schnell. Sie hat eine glatte Oberfläche. Wenn sie erkaltet, sieht sie aus wie eine schwarze Kruste.

★ **Aa-Lava** ist meist zähflüssiger und bildet auf ihrer Oberfläche scharfkantige Brocken. Während sie langsam vorwärtsfließt, begräbt sie die halb erstarrten Brocken immer wieder unter sich.

★ **Kissenlava** entsteht, wenn Lava im Meer schnell abkühlt und dabei rundliche Formen bildet. Dann reißt der Lavastrom die neu gebildete Kruste auf, Lava fließt aus und ein neues Kissen entsteht.

★★ **Andesitische Lava** ist zähflüssig und fließt nur über kurze Strecken.

★★★ **Dazitische Lava** fließt langsam, ist zähflüssig und bildet rundliche Formen. Sie ist hellgrau und enthält große Mengen an Gas.

★★★ **Rhyolitische Lava** ist ebenfalls zähflüssig und fließt sehr langsam. Wenn sie abkühlt, entsteht glasartiger Obsidian.

Ein Jahr später

Aldo Rizzo: Hallo und herzlich willkommen zur Aldo-Rizzo-Show! Heute bin ich in Montevista, einem bezaubernden kleinen Dorf am Hang des Vesuv. Vor genau einem Jahr ist der Vulkan ausgebrochen, und das mit einer Wucht, wie wir es seit den Zeiten von Pompeji und Herculaneum nicht mehr erlebt haben. Dass ich den Ausbruch überlebt habe, verdanke ich zwei ganz besonderen Menschen: Rosa Carelli, Vulkanologin am Vesuv-Observatorium, und ihrem Sohn Carlo. Sie haben mein Leben gerettet.

(Applaus)

Bürgermeister: Und meines auch.

Aldo Rizzo: Ja, auch das Leben von Herrn Fabiano, dem Bürgermeister von Montevista, der hier neben mir steht. Dank Rosa Carellis Beharrlichkeit und Mut …

Rosa: Und dank Carlo …

Aldo Rizzo: Ja, dank Rosa *und* Carlo wurde Montevista damals gerade noch rechtzeitig evakuiert.

Bürgermeister: Und der einzige Verletzte im ganzen Dorf war ich mit meinem verstauchten Knöchel. Es hätte viel, viel schlimmer ausgehen können. Vor laufender Kamera gebe ich hiermit zu: Ich lag falsch und Rosa Carelli hatte recht.

Rosa: *(lacht)* Das ist aber nett, dass Sie das sagen, Herr Fabiano.

Bürgermeister: Im Ernst, ich war stur wie ein Esel. Sie und Ihr Team hatten uns gesagt, dass der Vulkan bald ausbrechen würde, und ich habe Ihre Warnungen einfach nicht beachtet. Ich hatte nur dieses dämliche Dorffest im Kopf …

Aldo Rizzo: *(unterbricht ihn)* Ja, das berühmte Dorffest von Montevista! Dieses Jahr wird es zwischen Ruinen stattfinden …
(Bilder vom zerstörten Dorf nach dem Vulkanausbruch werden eingeblendet.)
… und die Leute feiern, dass sie überlebt haben. Sie haben längst damit begonnen, ihr Dorf wieder aufzubauen …
(Die Kamera schwenkt hinüber zur neuen Piazza von Montevista. Rundherum sind Baustellen zu sehen, neue Häuser werden gebaut, alte repariert. Die Piazza selbst ist mit bunten Buden und Fahnen für das Dorffest geschmückt.)
… und die Bewohner freuen sich auf ihr neues altes Zuhause. Doch nun höre ich auf zu reden. Stattdessen werden unsere beiden Ehrengäste jetzt das Dorffest von Montevista eröffnen!
(Rosa und Carlo halten die Schere, um das Absperrband durchzuschneiden.)
Rosa: Vielen Dank, Herr Rizzo, lieber Bürgermeister. Und Dank an Carlo, meinen mutigen Sohn. *(Carlo wird rot.)* Möge der Vesuv für lange Zeit ruhig bleiben. Aber man weiß nie …

Carlo: Doch bis dahin sollten wir alle möglichst viel Spaß haben!

(Gemeinsam schneiden sie das Absperrband durch. Das Fest kann beginnen.)

Bürgermeister: Hiermit erkläre ich das Dorffest von Montevista für eröffnet!

Das Vulkane-Quiz

1. In welchem Land liegt der Vesuv?
2. Welchen Beruf hat Rosa Carelli?
3. Welche antiken Städte wurden 79 n. Chr. durch einen Vulkanausbruch zerstört?
4. In welchem Jahr ist der Vesuv das letzte Mal ausgebrochen?
5. Warum lässt Bürgermeister Fabiano Montevista nicht evakuieren?
6. Wonach riecht Schwefel?
7. Warum bildet sich an der Westseite des Vesuv eine Wölbung?
8. Wie sieht ein Schichtvulkan aus?
9. Aus welchem Vulkangestein bestehen fast alle Meeresböden?
10. Wann war der letzte gewaltige Ausbruch des Mount St. Helens?
11. Zu welchem Vulkantyp zählt der Kilauea?

12. Was geht einem Vulkanausbruch oft voraus?
13. Warum sind pyroklastische Ströme tödlich?
14. Warum wird der pyroklastische Strom, vor dem Carlo und seine Mutter fliehen, langsamer?
15. Welche zwei Supervulkane kennst du?

Antworten auf Seite 125

Begriffe

Asche
Vulkanische Asche besteht aus winzigen Lavateilchen, Steinen und Kristallen.

Eruption
Vulkanausbruch mit dem Ausstoß von Lava, Gestein, Gasen oder Asche.

Evakuierung
Menschen werden von einem gefährlichen Ort fortgebracht.

Infrarot
Unsichtbarer Teil des Lichts, zeigt Wärme an.

Lahar
Vulkanische Schlammlawine.

Lava
Geschmolzenes Gestein, das an die Erdoberfläche gelangt.

Magma
Geschmolzenes Gestein unter der Erdoberfläche.

Nachbeben
Kleinere Erdbeben, die einem größeren folgen.

Neigungsmessgerät
Gerät, mit dem man winzige Änderungen der Hangneigung erkennen kann.

Observatorium
Dort beobachten und erforschen Vulkanologen den Vulkan.

Piazza
Platz im Zentrum italienischer Dörfer oder Städte.

Pyroklastischer Strom
Schnelle Lawine aus heißer Asche, Gas und Steinen.

Richterskala
Werte, die die Stärke eines Erdbebens angeben.

Schwefel
Gelbe chemische Substanz. An der Luft entsteht farbloses Schwefeldioxid, das nach faulen Eiern riecht. Giftig.

Seismische Wellen
Vibrationen eines Erdbebens.

Spektrometer
Gerät, mit dem man vulkanische Gase untersucht.

Sperrzone
Bereich, den niemand betreten darf.

Standseilbahn
Bergbahn, die mithilfe eines Stahlseils auf Schienen den Berg hinaufgezogen wird.

VEX
Roboter mit dem Namen Volcanic Explorer. Er wird in gefährlichen Bereichen eingesetzt und sendet Daten ans Observatorium.

Antworten
1. Italien, **2.** Vulkanologin, **3.** Pompeji und Herculaneum, **4.** 1944, **5.** Er will das Dorffest nicht absagen, **6.** Nach verfaulten Eiern, **7.** Weil Magma von unten gegen die Erdoberfläche drückt, **8.** Hoch und kegelförmig, **9.** Aus Basalt, **10**. 1980, **11**. Schildvulkan, **12**. Ein Erdbeben, **13**. Weil sie so heiß und so schnell sind, **14**. Weil das Gelände flacher wird, **15**. Tobasee und Yellowstone.

Liebe Eltern,

Lesen macht Spaß! Denn es gibt so viele spannende Geschichten. Und Lesen ist sehr nützlich, denn viele Informationen erschließen wir uns lesend. Beides sollte Ihr Kind am Ende seines Leselern-Prozesses erfahren haben.

Mit den **SUPER**LESER!-Büchern für Erstleser möchten wir Ihrem Kind genau das vermitteln. Die Leseabenteuer in vier verschiedenen Lesestufen verbinden wunderbar spannende Geschichten mit vielen interessanten und nützlichen Sachinformationen in unterschiedlichen Textformen z. B. Berichte, Briefe, Bastelanleitungen, Rezepte oder Infotafeln.

Mit diesen Tipps und Informationen können Sie Ihr Kind dabei unterstützen, dass es begeistert und erfolgreich lesen lernt:

Haben Sie Geduld! Nicht jedes Kind ist eine geborene Leseratte und manche brauchen etwas länger, um sich mit dem Lesen anzufreunden. Lesen Sie Ihrem Kind auch weiterhin vor. Dabei bekommt es ein Gefühl für fließendes Lesen, ausdrucksstarke Sprache und richtige Betonung. Fragen Sie es immer wieder einmal, ob es Ihnen vorlesen möchte. Seien Sie geduldig. Irgendwann wird die Neugier auf die Geschichten siegen.

Je mehr, desto besser! Mit jedem Text, den Ihr Kind liest – sei es ein Gedicht, eine Geschichte oder ein Sachtext –, werden sich seine Lesefähigkeit, sein Gefühl für Sprache und sein Verständnis schwieriger Wörter weiterentwickeln. Am besten liest es regelmäßig, aber nur so lange, wie es mag. Dabei reichen am Anfang zehn Minuten völlig aus.

Nicht zu schnell! Achten Sie darauf, dass Ihr Kind sich Zeit nimmt, jedes Wort in Ruhe auszusprechen und seine Bedeutung zu verstehen. Die Sachtexte sind für Ihr Kind etwas schwerer zu lesen als die erzählenden Passagen. Loben Sie Ihr Kind, wenn es sich ein schwieriges Wort erschlossen hat oder einen Satz noch einmal anders betont liest, nachdem es den Sinn verstanden hat.

Seien Sie ein guter Zuhörer! Wenn es bereit ist, lassen Sie Ihr Kind laut vorlesen und hören Sie ihm aufmerksam zu. Unterbrechen Sie es nur, wenn es wirklich nötig ist. Oder machen Sie zwischendurch, zum Beispiel vor Beginn eines neuen Kapitels, kleine Pausen, in denen Sie über das Gelesene sprechen. Auch die Quizfragen am Buchende bieten eine spielerische Möglichkeit, das Textverständnis zu überprüfen.

Geteilte Freude ist doppelte Freude! Laden Sie andere Zuhörer und Vorleser – Geschwister, Großeltern oder gute Freunde – ein: Lesen Sie mit verteilten Rollen oder veranstalten Sie einen Lesenachmittag. Nach der ersten Aufregung werden Stolz und Freude an den geteilten Geschichten überwiegen.

Seien Sie Vorbild! Wenn Sie selbst viel lesen, wird auch Ihr Kind dies als selbstverständliche und erfüllende Beschäftigung kennenlernen.

Spaß muss sein! Wählen Sie die Bücher und Texte nach den Interessen Ihres Kindes aus. Das erhöht die Lust aufs Lesen und sorgt für lang anhaltende Motivation.

Wir wünschen Ihnen und Ihrem Kind viel Freude beim gemeinsamen Lesen!

Dank und Bildnachweis

Der Verlag dankt folgenden Personen und Organisationen für die freundliche Genehmigung zum Abdruck von Fotos:

(Abkürzungen: o = oben, m = Mitte, u = unten, g = ganz, l = links, r = rechts)

1 Fotolia: Beboy. **4–5 SuperStock:** Tips Images (u). **6–7 Dorling Kindersley:** Donks Models – Modelle (Vulkanmodell). **16–17 Alamy Images:** Roberto Fumagalli (u). **22 Dorling Kindersley:** Rough Guides (m). **23 Corbis:** Eurasia Press/ Steven Vidler (ol); John Heseltine (mr). **Dorling Kindersley:** Rough Guides (u). **24 Corbis:** Christie's Images (mr); Franz Richard Unterberger (o). **Getty Images:** De Agostini (u). **25 Corbis:** Alinari Archives (o); Bettmann (ur). **Getty Images:** (ul). **27 Getty Images:** National Geographic/Carsten Peter (u). **29 Corbis:** Blend Images/Chris Clor (o). **32 Dreamstime.com:** Parys (u). **34–35 Corbis:** Michael S. Yamashita. **36–37 Corbis:** Gary Braasch. **38 Dorling Kindersley:** Atlantic Digital (ol). **42–43 Corbis:** Michael S. Lewis (u). **44 Corbis:** Bettmann (o, u). **44–45 Dreamstime.com:** Jakub Krechowicz (Hg). **45 Corbis:** Bettmann (o, u). **46 Dorling Kindersley:** The Natural History Museum (u). **50 Dreamstime.com:** Shawn Hempel (Rahmen). **51 Dreamstime.com:** Shawn Hempel. **52–53 Science Photo Library:** Planetary Visions Ltd (o). **52 Alamy Images:** Tom Pfeiffer (u). **53 Alamy Images:** Ashley Cooper (ur). **Corbis:** Reuters/Sigit Pamungkas (ml). **64 Alamy Images:** Leigh Prather (Papier). **68–69 Dreamstime.com:** Christoph Weihs (Papier). **70 Corbis:** Douglas Peebles (o). **71 Corbis:** Gary Braasch (o). **75 Alamy Images:** LatitudeStock. **77 Alamy Images:** Visions of America, LLC (u). **78 Corbis:** zweimalig GbR. **80–81 Dreamstime.com:** Joshua Rainey (u). **82 Dorling Kindersley:** The Natural History Museum (ol, or, ur). **83 Dorling Kindersley:** The Natural History Museum (or, ul, ur). **84 Corbis:** Ocean (u); Vince Streano (o). **85 Corbis:** Douglas Kirkland (m). **Getty Images:** John T. Barr (ol); National Geographic (u). **90 Corbis:** Reuters/STRINGER/ITALY (u). **92 Corbis:** Stocktrek Images. **96–97 Dorling Kindersley:** Mark Longworth. **100 Alamy Images:** Pavel Borisov (or); Stocktrek Images, Inc. (ul). **101 Alamy Images:** Classic Image (ol); INTERFOTO (mr). **Corbis:** Sygma/Jacques Langevin (ul). **102 Corbis:** Robert Harding World Imagery/Annie Owen. **103 Corbis:** Ocean. **105 Corbis:** Stocktrek Images/Richard Roscoe. **106 Corbis:** Alberto Garcia. **112–113 Dorling Kindersley:** Rough Guides (u). **114 Dreamstime.com:** Martin Applegate (l). **115 Corbis:** Ocean (r). **116–117 Corbis:** Douglas Peebles. **123 Corbis:** Douglas Peebles (u).

Umschlagbilder:
Vorderseite: Getty Images / iStock: shayes17 / E+.
Rückseite: Getty Images: Douglas Peebles / Corbis (Mr).

EXTRALEICHT

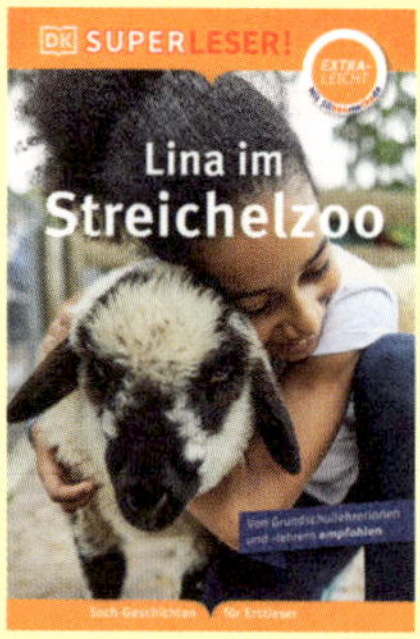

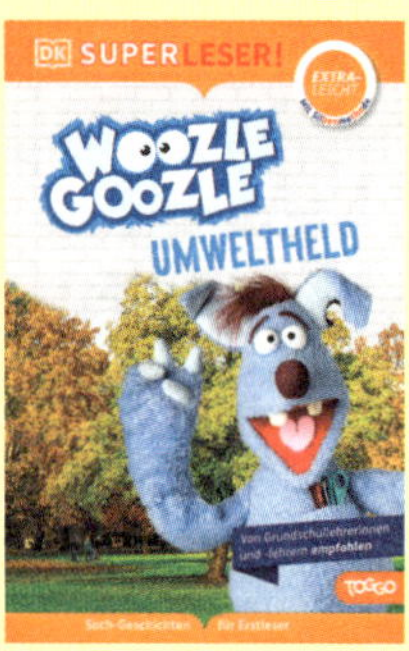

LESESTUFE 1

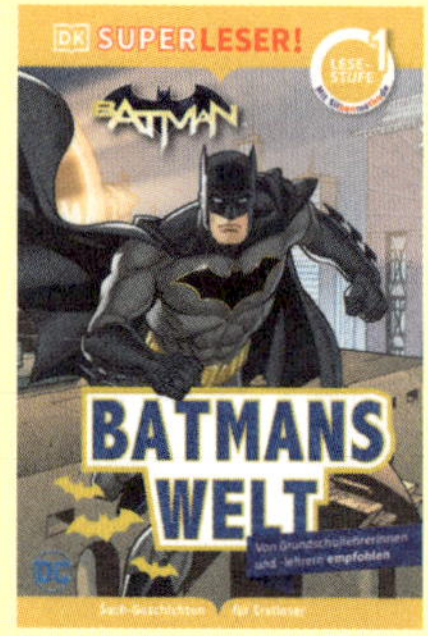